山西省"十四五"职业教育规划教材

中等职业教育新能源汽车专业系列教材

新能源汽车维护及保养

主编 侯企强
主审 黄胜勇

西安交通大学出版社
XI'AN JIAOTONG UNIVERSITY PRESS

图书在版编目（CIP）数据

新能源汽车维护及保养 / 侯企强主编 .-- 西安 ：
西安交通大学出版社，2024.12. --（中等职业教育新能
源汽车专业系列教材）. -- ISBN 978-7-5693-3942-0

Ⅰ. U469.7

中国国家版本馆 CIP 数据核字第 2025ES8935 号

Xinnengyuan Qiche Weihu Ji Baoyang

书　　名	新能源汽车维护及保养
主　　编	侯企强
策划编辑	杨　璠
责任编辑	刘艺飞
责任校对	张明玥
装帧设计	伍　胜

出版发行　西安交通大学出版社
　　　　　　（西安市兴庆南路 1 号　邮政编码 710048）
网　　址　http：//www.xjtupress.com
电　　话　（029）82668357　82667874（市场营销中心）
　　　　　　（029）82668315（总编办）
传　　真　（029）82668280
印　　刷　陕西印科印务有限公司

开　　本　787 mm×1092 mm　1/16　　**印张** 16.25　　**字数** 250 千字
版次印次　2024 年 12 月第 1 版　2024 年 12 月第 1 次印刷
书　　号　ISBN 978-7-5693-3942-0
定　　价　57.80 元

前言

PREFACE

党的二十大报告提出："推动战略性新兴产业融合集群发展，构建新一代信息技术、人工智能、生物技术、新能源、新材料、高端装备、绿色环保等一批新的增长引擎。"新能源汽车维护及保养是新能源汽车技术类专业针对新能源汽车机电维修工进行能力培养的一门专业核心课程，主要培养学生在新能源汽车保养工作岗位借助维护作业工单独立或合作完成新能源汽车保养的能力，要求学生掌握新能源汽车日常维护保养的作业项目和操作规范等专业能力。

本书采用"以行动为导向、基于工作过程"的课程开发方法进行开发，以汽车机电维修工诊断和维修的典型工作任务为载体，梳理和序化理论知识，根据学生的认知规律设计相应学习情境和学习单元。

本书的主要特点：以典型工作任务为载体，每个学习单元都有明确的学习目标；典型工作任务来源于新能源汽车机电维修工实际工作岗位，并进行了适当的教学化加工；理论知识按照典型工作任务的需求进行重新序化，理论和实践以典型工作任务为主线进行有机融合；学习车型以吉利 EV450 为主，其他车型为辅，本书全部内容均在实车上进行了验证。

本书可供开设汽车维修类专业的中等职业学校和各类培训机构教学使用，建议采用理实一体化的教学方式开展教学。

本书在编写过程中参考了大量国内外相关著作和文献资料，在此一并向有关作者表示感谢！

由于编者水平有限，书中难免有不足之处，敬请读者批评指正。

编者

目录
CONTENTS

新能源汽车维护基础

学习目标

◆ 能快速定位自己的工作岗位，并接受相应的管理制度约束；

◆ 能识别纯电动汽车各系统组成及安装位置；

◆ 能正确规范地使用车间及个人安全防护用具；

◆ 能正确规范地完成纯电动汽车下、上电作业；

◆ 能规范地完成纯电动汽车的维修工作；

◆ 能规范地完成新车PDI检查。

新能源汽车维护认知

▶ ▶ ▶ ▶

任务导入

　　小王在某新能源汽车 4S 店进行实习，师傅接了一辆车，进行维护作业后告知小王需将维护里程清零。你知道如何进行维护里程清零吗？

学习目标

（1）能明确动力电池及充电系统的安装位置及维护内容。

（2）能明确驱动及冷却系统的安装位置及维护内容。

（3）能明确纯电动汽车底盘的维护内容及特点。

（4）能明确纯电动汽车空调系统的安装位置及维护内容。

（5）能明确纯电动汽车车身的维护内容。

（6）能进行维护里程清零。

理论知识

　　汽车维护是指保持和恢复汽车的技术性能，保证汽车具有良好的使用性和可靠性；具体来说是指定期对汽车相关部分进行检查、清洁、补给、润滑、调整或更换某些零件的预防性工作，又称汽车保养。汽车维护的目的是保持车容整洁，保证技术状况正常，消除隐患，预防故障发生，减缓劣化过程，延长使用周期，同时还能降低能源消耗、减少环境污染。一般来说汽车维护作业占汽车维修企业 70% 左右的工作量。

　　现代的汽车维护主要包含了对发动机系统、变速器系统、空调系统、冷却系统、燃油供给系统、动力转向系统等的维护。纯电动汽车的维护与传统汽车的维护略有不同，没有发动机系统、燃油供给系统的维护，增加了动力电池系统、充电系统、直流电压变换器（DC/DC）等的维护。总体来说维护内容有所减少，维护费用有所下降。

1.1.1　汽车维护与修理的关系

汽车维护是一种计划预防制度，就是在汽车行驶到规定的维护周期时，必须按照规定强制进行维护。汽车维护作业必须保证维护质量，但进行维护作业时不准对汽车主要总成进行大拆，只有在发生故障需要解体时，才允许解体。

汽车修理是为恢复汽车各部分规定的技术状况和工作能力所进行的活动的总称。修理是指汽车有形损耗的补偿，它包括故障诊断、拆卸、鉴定、更换、修复、装配、磨合、试验等作业。汽车修理作业一般占汽车维修企业30%的工作量。

1.汽车维护与修理的区别

1）作业技术措施不同

维护以计划预防为主，通常采取强制实施作业；而修理是按需要进行的作业。

2）作业时间不同

维护通常是在车辆发生故障之前进行作业；而修理是在车辆发生故障之后进行作业。

3）作业目的不同

维护通常是为了降低零部件磨损速度，预防故障发生，延长汽车使用寿命；而修理通常是为了修理出现故障或失去工作能力的部件、总成，恢复汽车技术状况、工作能力，从而达到延长使用寿命的目的。

2.汽车维护与修理的联系

汽车维护与汽车修理是密切相关的，在修理中有维护作业、在维护中也有修理作业。在车辆维护的过程中可能会发现某一部位或零部件有发生故障或损坏的前兆，因而可以利用维护的时机对其进行修理。而在修理的过程中，对一些没有损坏的机件也要进行维护。

因此汽车维护和汽车修理的关系是辩证的，在日常活动中，要处理好两者之间的关系，坚持以维护为主，改变"以修代保"的错误观念。

1.1.2　汽车维护的目的

随着现代汽车制造业的不断进步，新技术、新工艺、新材料得到了广泛应用，使得汽车的性能和使用寿命都有很大程度的提高。但无论汽车的性能多么卓越，随着行驶里程的增加，汽车零部件都会逐渐产生磨损，技术状况会不断下降，这是不可避免的。

图 1-1-1 是汽车、零件磨损量随行驶里程变化的曲线，从图中可以看出，零件磨损分为三个阶段。

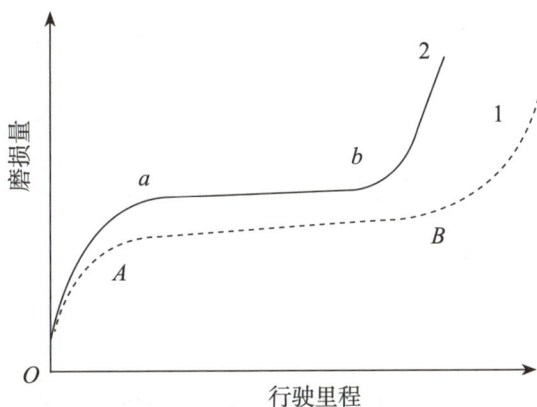

1—使用方法得当、维护适时的磨损曲线；2—使用方法不当、维护不及时的磨损曲线。

图1-1-1　汽车零件磨损量随行驶里程变化的曲线

1. 磨合期（*OA/Oa* 段）

由于新零件及修复件表面较为粗糙，工作时零件表面的凸起点会划破油膜，同时从零件表面上脱落下来的金属及氧化物颗粒会引起严重的磨料磨损。所以该阶段的磨损速度较快，随着磨合时间的增长，零件表面质量不断提高，磨合速度相应降低。

2. 正常工作期（*AB*/*ab* 段）

经过磨合期的磨合，零件的表面粗糙度降低，适油性及强度增加，所以在正常工作期零件的磨损变得非常缓慢。

3. 极限磨合期（*B*/*b* 点以后）

不断积累的磨损，造成极限磨损期零件的配合间隙过大，油压降低，正常的润滑条件被破坏，零件之间的相互冲击也随之增加，零件的磨损急剧上升，此时如不及时进行调整或修理，会造成事故性损坏。

从图中还可以看出，在相同的里程内，情况 1（虚线）的磨损量就比情况 2（实线）的小，其使用寿命就比情况 2 的长。由此可见，只有根据磨损规律制订切实可行的维护措施，才能使汽车零部件保持良好的技术状态，这便是汽车维护的意义所在。

汽车维护的目的在于保持车容整洁、车况良好，及时发现和消除故障隐患，可以有效地延长汽车的使用寿命，防止车辆早期损坏，从而达到下列要求：

（1）车辆经常处于良好的技术状况，随时可以出车。

（2）在合理使用的条件下，不会因机件损坏而影响行车安全。

（3）在运行过程中，降低燃料、润滑油及配件和轮胎的磨损。

（4）减少车辆噪声和排放的污染物对环境的污染。

（5）各部总成的技术状况尽量保持均衡，以延长汽车大修间隔里程。

1.1.3　汽车维护的分类与周期

1. 汽车维护的分类

在汽车的使用过程中，由于汽车新旧程度、使用地区条件的不同，在各个时期对汽车维护的作业项目也不同。汽车维护一般可分为定期维护和非定期维护两大类。定期维护分为日常维护、一级维护和二级维护三类；非定期维护可分为按需维护（季节性维护）和免拆维护（新型维护方法）两类。现代汽车各类维护作业见表1-1-1。

表 1-1-1 汽车维护的种类及作业范围

维护种类		作业范围
定期维护	日常维护	日常维护作业以清洁、补给和安全检视为中心内容： ①坚持"三检"，即在出车前、行车中、收车后检视车辆的安全机构及各机件连接的紧固情况； ②保持"四洁"，即保持润滑油、空气、燃油滤清器和蓄电池的清洁； ③防止"四漏"，即防止漏水、漏油、漏气和漏电
	一级维护	一级维护作业内容除日常维护作业外，以清洁、润滑和紧固为主，并检查与制动、操纵等安全性相关的部件
	二级维护	二级维护作业内容除一级维护作业外，以检查和调整转向节、转向节臂、制动蹄片、悬架等经过一定时间的使用后容易磨损或变形的部件为主，并拆检轮胎，进行轮胎换位
非定期维护	按需维护（季节性维护）	由于冬夏两季的温差大，为使车辆在冬夏两季都能够合理使用，在换季之前应结合定期维护附加一些相应的项目，使汽车适应气候变化后的运行条件，此种附加性的维护称为季节性维护
	免拆维护（新型维护方法）	免拆维护是指在突出"不解体"的前提下，用专用设备及保护用品对燃油系统、冷却系统、润滑系统、制动系统、自动变速器等进行的清洁和补给维护

2. 汽车维护周期

汽车维护周期是指汽车进行同级维护之间的间隔期（行驶里程或时间）。我国国家标准《汽车维护、检测、诊断技术规范》（GB/T 18344—2016）关于汽车维护周期的规定如下：

（1）日常维护的周期为出车前、行车中和收车后。

（2）汽车一、二级维护周期的确定，应该以汽车的行驶里程或时间为基本依据。汽车一、二级维护行驶里程依据车辆使用说明书的有关规定，同时依据汽车使用条件的不同，由省级交通行政主管部门规定。

（3）一、二级维护时间间隔，对于不便用行驶里程统计、考核的汽车，可用行驶时间间隔确定一、二级维护周期。其时间（天）间隔可依据汽车使用强度和条件的不同，参照汽车一、二级维护里程周期确定。

3. 吉利 EV450 纯电动汽车的维护周期

吉利 EV450 纯电动汽车的维护周期（表 1-1-2）是以汽车累计行驶里程（10 000 km）为参考的，分为 A 级维护与 B 级维护。根据整车驾驶性能及供应商要求，整车将在维护时进行软件更新。

表 1-1-2　吉利 EV450 纯电动汽车的维护周期

类别	维护项目	累计行驶里程 /km				
		10 000	20 000	30 000	40 000	50 000
A 级维护	全车维护	√		√		√
B 级维护	高压、安全检查维护		√		√	

注：50 000 km 以上时，维护项目以此类推。

1.1.4　新能源汽车的维护安全

1. 高压安全操作原则

（1）坚持"以人为本、安全第一"的操作原则，确保人身安全与车辆安全。在制订安全防范措施的时候，要优先考虑人身安全，即使发生不可预见的事故或系统崩溃，也要保证人身安全。

（2）从系统设计到部件的选型、加工工艺、质量检验及维护操作都应严格按有关电动汽车的国家标准执行。

2. 人员要求

（1）新能源汽车高压操作人员必须具有相应的操作资质（如低压电工证），严禁没有操作资质的人员对新能源汽车高压系统进行操作。在操作人员上岗前必须对其进行安全操作培训，严格执行安全操作规范。

（2）操作人员上岗时不得佩戴金属饰品、饰物，如手表、戒指等，工作服衣袋内不得装有金属物件，如钥匙、

扫一扫

切断高压回路

硬币、手机等。

（3）操作人员不得把与工作无关的工具带入场地。必要的金属工具，在其手持部位应做绝缘处理。

（4）每次接通高压电源之前，操作人员应检查各高压元器件周边有无杂物，通知无关人员远离上述部位，接通高压时要高声提示。

3. 维护作业要求

（1）对高压元器件进行拆卸、检查、维修时，应先切断高压回路。

（2）车辆长时间停放时，应每周检查一次动力电池状态，防止电池漏电。

扫一扫

动力电池检查

1.1.5　吉利EV450纯电动汽车维护注意事项

1. 维修、维护作业前的准备工作

（1）用干净的布或塑料罩盖住所有的涂漆面和座椅，以免落上灰尘或被刮擦。

（2）在维修高压部件时，禁止带电作业。

（3）维修高压部件时，先将车钥匙置于 OFF 位置，并断开蓄电池负极电缆。

（4）在维修高压部件时，使用高压绝缘胶垫。

2. 维修、维护作业中的注意事项

（1）注意作业安全，同时还应专注于工作。当抬起前轮或后轮时，应牢牢挡住其余车轮。工作要由两名或更多工作人员完成时，尽可能相互沟通。

（2）拆卸或拆解零件前，必须对它们进行仔细检查，以查出需要维修的原因。要遵守所有安全说明和注意事项，并遵循维修手册中介绍的相应步骤。

（3）对拆下的所有零件做标记，或将它们按顺序放在零件架中，以便

将它们重新装配到原来的位置。

（4）如果规定要使用专用工具，则必须使用。

（5）按照规定，在零件上涂抹或填充指定的润滑脂。拆解后用溶剂清洗所有拆下的零件。

（6）零件必须按照既定的维修标准，以适当的力矩进行装配。当拧紧一组螺栓或螺母时，从中心或大直径螺栓开始，分两步或更多步以交叉方式来拧紧它们。

（7）重新装配零件时，必须更换新垫片、衬垫、形圈和开口销。

（8）使用纯正的零件和润滑剂。要重复使用这些物品时，必须认真检查这些零件，确保它们没有损坏或品质下降，且使用状况良好。

（9）为系统加注制动液时，要特别注意防止灰尘和污物进入系统。

（10）在维护、维修作业时，禁止水等异物进入前机舱内。

（11）避免将润滑油或润滑脂落到橡胶件和管路上。

3. 维修、维护作业后的检查工作

（1）装配后，检查每个零件的安装和工作情况是否正确。

（2）更换制动液、制动摩擦片后要至少进行一次完全制动。

实践技能

1.1.6 吉利EV450纯电动汽车的维护内容

纯电动汽车不存在发动机而是以动力电池为动力源，而且动力传递系统也和传统汽车有很大差异，因此其维护项目也和传统汽车有很大差异。纯电动汽车的维护项目主要可以分为对动力蓄电池与充电系统、驱动及冷却系统、转向系统、制动系统、行驶系统、电动空调系统及车身的维护。

1. 动力蓄电池的维护内容

新能源汽车与传统汽车在使用、维护方面有着较大差别，众所周知，电池缺乏妥善维护，是电池出现故障和安全风险的主要原因之一。良好的使用与维护是降低电源系统故障率、消除系统安全隐患的重要措施。新能源车

电源系统的维护包括常规维护、重点维护、储存维护等。维护人员在进行操作时必须戴好绝缘手套等防护用品，使用前必须熟悉动力蓄电池的结构、工作原理和使用说明书。吉利 EV450 纯电动汽车动力蓄电池的维护内容见表1-1-3。

表 1-1-3　吉利 EV450 纯电动汽车动力蓄电池的维护内容

总成	维护项目	维护内容
动力蓄电池总成	电池箱外围	电池箱体（含尾部挂梁）与车辆底盘的固定螺柱紧固检查
		电池箱体（含尾部挂梁）与车辆底盘的固定螺柱腐蚀 / 破损检查
		高压连接器公插与母插清洁度 / 腐蚀 / 破损检查
		低压连接器公插与母插连接可靠性检查
		低压连接器公插与母插清洁度 / 腐蚀 / 破损检查
		电池箱箱体划痕 / 腐蚀 / 变形 / 破损检查
		电池下箱体底部防石击胶出现的划痕 / 腐蚀 / 破损检查
	电池状态	电池状态参数 /SOC(state of charge,剩余电量)/温度 /cell(电芯)电压检查
		Pack 绝缘阻值检查

吉利 EV450 纯电动汽车动力蓄电池位置如图 1-1-2 所示。

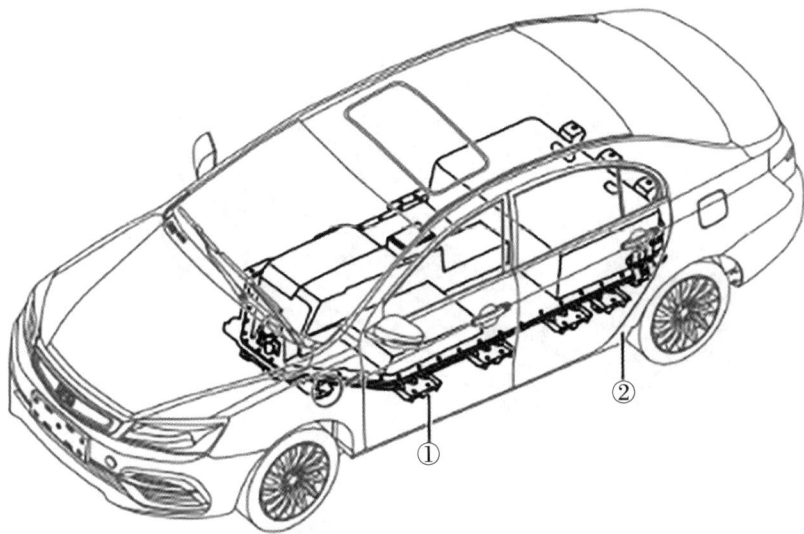

①—动力蓄电池；②—车身。

图1-1-2　吉利EV450纯电动汽车动力蓄电池透视图

2. 充电系统的维护内容

为延长高压电池包使用寿命，必须定期采用均衡充电方式对高压电池包进行维护。均衡充电无需特殊操作，是指在一般充电完成后继续充电一段时间，高压电池包管理系统会对各个锂电池单体进行平衡操作。均衡充电方式可以使各个单体的电压达到基本一致，从而保证高压电池包整体性能。长期未进行均衡充电时，部分车型组合仪表界面上会出现"请充电保持高压电池均衡"的信息，以提醒用户对高压电池包进行维护。常温状态下，一般至少需要 5 个小时才能完成包括均衡在内的充电过程。吉利 EV450 纯电动汽车充电系统的维护内容见表 1-1-4，吉利 EV450 充电系统透视图见图 1-1-3。

表 1-1-4 吉利 EV450 纯电动汽车充电系统的维护内容

总成	维护项目	维护内容
充电系统	充电口及高压线	检查并视情况处理
	车载充电机功能测试	检查并视情况处理
	DC/DC 功能	检查输出电压并处理
	快充口绝缘检测	测量快充口绝缘电阻

①—车载充电机；②—驱动电机控制器；③—慢充（交流）接口；
④—快充（直流）接口；⑤—交流充电接口应急解锁。

图1-1-3 吉利EV450充电系统透视图

3. 驱动及冷却系统的维护内容

纯电动汽车的驱动系统主要包括驱动电机及其控制系统、变速器及驱动桥。冷却系统的作用是通过冷却液循环散热为驱动电机、车载充电机（如配备）、电机控制器这三大部件进行散热。驱动及冷却系统的维护主要涉及驱动电机、驱动电机控制器、减速器、冷却系统等。吉利 EV450 纯电动汽车驱动及冷却系统的维护内容见表 1-1-5。

表 1-1-5　吉利 EV450 纯电动汽车驱动及冷却系统的维护内容

总成	维护项目	维护内容
驱动系统	清洁	清洁电机外壳体，保证无水渍、泥垢
	电机水冷系统	检查管路有无老化、渗漏
	电机机械连接紧固	检测螺栓上的漆标，若漆标位置有移动，则对螺栓进行紧固，若无则不作要求
	接地线连接	电机接地线部位的接地电阻不大于 0.10 Ω
驱动电机控制器	绝缘、接地、检测	绝缘电阻≥ 20 MΩ；接地电阻≤ 100 MΩ
	不可维修件，无需维护	
减速器	齿轮油	检查或更换
冷却系统	冷却液	液位检查或更换，冰点测试
	水泵及冷却管路	查渗漏情况并视情况处理
	散热水箱	检查并清洁

吉利 EV450 冷却系统透视图如图 1-1-4 所示，驱动系统透视图如图 1-1-5 所示。

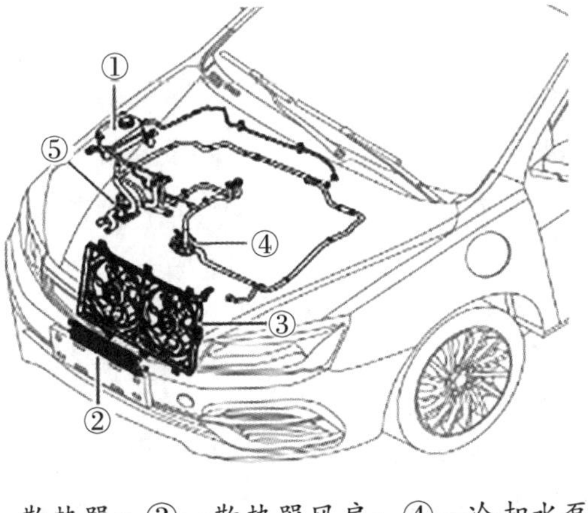

①—膨胀器；②—散热器；③—散热器风扇；④—冷却水泵；⑤—三通阀。

图1-1-4　吉利EV450冷却系统透视图

①—减速器控制器（TCU）；②—减速器；③—驻车电机；④—电子换挡器。

图1-1-5 吉利EV450驱动系统透视图

4. 纯电动汽车底盘的维护内容

纯电动汽车底盘的维护内容主要包括转向系统、制动系统、行驶系统和传动系统。其主要维护内容涉及转向横拉杆防尘套检查、电动助力转向功能测试、制动液液位检查、真空泵及控制器检查、制动摩擦片检查、前后悬架及轮胎检查、更换减速器油、半轴防尘套检查等。

吉利 EV450 纯电动汽车底盘的维护内容见表 1-1-6。

表 1-1-6　吉利 EV450 纯电动汽车底盘的维护内容

系统	维护项目	维护内容
转向系统	紧固件	检查并视情况处理
	转向横拉杆防尘套	检查并视情况处理
	电动助力转向功能	路试并视情况处理
制动系统	驻车制动器	检查并视情况处理
	制动液	液位检查
	真空泵及控制器	检漏并视情况处理
	制动摩擦副	检查并视情况处理
	制动管路及分泵	检漏
行驶系统	副车架及各紧固件	检查拧紧
	前后弹簧、减振器	检查弹簧弹性、减振器渗漏等
	轮胎	检查胎压

吉利 EV450 制动系统透视图如图 1-1-6 所示。

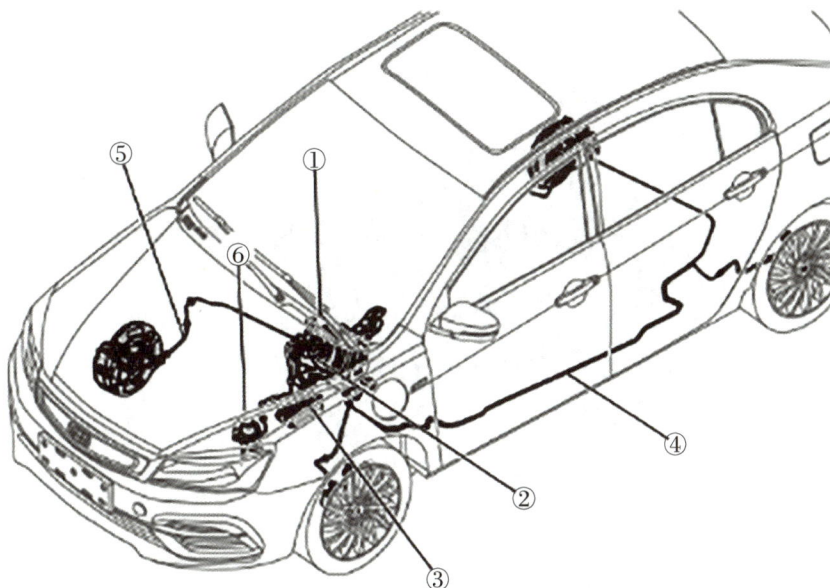

①—真空助力器总成；②—制动主缸；③—液压电子控制单元；
④—制动硬管；⑤—制动软管；⑥—电动真空泵总成。

图1-1-6　吉利EV450制动系统透视图

5. 电动空调系统的维护内容

电动空调系统主要包括一体式电动压缩机及控制器、PTC 加热器、空调制冷管路等，其主要维护内容涉及制冷系统检查、制暖系统检查等。吉利 EV450 纯电动汽车电动空调系统的维护内容见表 1-1-7。

表 1-1-7　吉利 EV450 纯电动汽车电动空调系统的维护内容

系统	维护项目	维护内容
制冷系统	电动压缩机检查	检查异响
	绝缘性检查	检查电动压缩机绝缘电阻
	制冷功能测试	测试并处理
	线束及插接件	检查并视情况处理
	管路及固定件	检查并视情况处理
	制冷排水口	检查并视情况处理
	空调滤芯	检查并视情况处理
制暖系统	暖风功能测试	测试并处理

吉利 EV450 纯电动汽车电动空调系统透视图如图 1-1-7 所示。

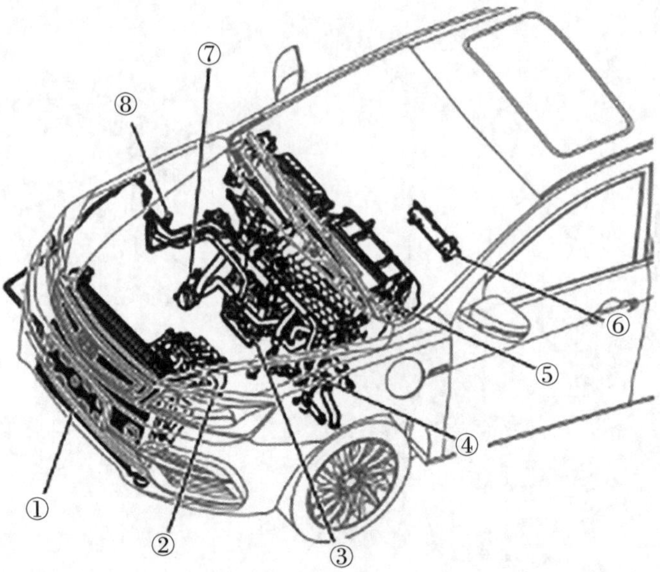

①—冷凝器；②—空调压缩机；③—PTC加热器；④—热交换器总成；
⑤—空调箱总成；⑥—空调控制面板；⑦—PTC电动水泵；⑧—空调压力开关。

图1-1-7　吉利EV450纯电动汽车电动空调系统透视图

6. 纯电动汽车车身的维护内容

车身的主要维护对象有灯光组、安全带及气囊、车身电器、车身各铰链点及锁扣等。吉利 EV450 纯电动汽车车身的维护内容见表 1-1-8。

表 1-1-8　吉利 EV450 纯电动汽车车身的维护内容

系统	维护项目	维护内容
车身	照明灯	检查并调整
	信号灯	检查并视情况处理
	座椅安全带	检查测试并处理
	刮水器及洗涤剂	检查并视情况处理
	收音机	检查并视情况处理
	导航	检查并视情况处理
	喇叭	检查并视情况处理
	天窗	检查并视情况处理
	门窗铰链	检查并视情况处理
	机舱铰链及锁扣	检查并视情况处理
	行李箱锁扣	检查并视情况处理

1.1.7　吉利EV450纯电动汽车维护周期清零

维护作业完成后要进行维护周期指示器复位，维护周期指示器复位作业的流程：

（1）打开车门，安装三件套。

（2）打开启动开关，仪表显示行驶里程，如图 1-1-8 所示。

图1-1-8　行驶里程清零前

（3）连接解码仪进行保养里程清零，开机→EV450→仪表板系统（IPK）→标定→里程清零。

（4）显示"打开点火开关至 ON 挡，发动机不启动"后，点"执行"。

（5）显示"里程完成且成功，里程清零完成"，点"退出"。

（6）此时，仪表显示如图 1-1-9 所示。

图1-1-9　行驶里程清零后

单元小结

（1）汽车维护是指保持和恢复汽车的技术性能，保证汽车具有良好的使用性和可靠性；具体来说是指定期对汽车相关部分进行检查、清洁、补给、润滑、调整或更换某些零件的预防性工作，又称汽车保养。汽车维护作业一般占汽车维修企业70%左右的工作量。

（2）汽车维护的目的在于保持车容整洁、车况良好，及时发现和消除故障隐患，可以有效地延长汽车的使用寿命。

（3）目前的汽车维护主要包含了对发动机系统、变速器系统、空调系统、冷却系统、燃油系统、动力转向系统等的维护。吉利EV450纯电动汽车的维护项目主要可以分为对动力蓄电池与充电系统、驱动及冷却系统、转向系统、制动系统、行驶系统、空调系统及车身的维护。

任务工单1.1　新能源汽车维护认知

任务名称	新能源汽车维护认知	学时	4	班级	
学生姓名		学生学号		任务成绩	
实训设备、工具及仪器	多媒体教学设备1套、吉利EV450纯电动汽车4辆	实训场地	理实一体化教室	日期	
客户任务描述	一辆吉利EV450纯电动汽车，距离下次维护还有200 km，现在要进行30 000 km维护作业				
任务目的	能明确吉利EV450纯电动汽车的维护内容及其与内燃机汽车维护的区别，能够完成维护里程清零任务				

一、资讯

（1）汽车维护是指_____汽车的技术性能，保证汽车具有良好的_____；具体来说是指定期对汽车相关部分进行检查、清洁、补给、润滑、调整或更换某些零件的_____工作，又称汽车保养。

（2）汽车修理是指_____，它包括故障诊断、拆卸、鉴定、更换、修复、装配、磨合、试验等作业。

（3）汽车维护的目的在于保持车容整洁、_____，及时发现和消除_____，可以有效地延长汽车的_____，防止车辆早期损坏，从而达到下列要求：

①_____，随时可以出车；

②在合理使用条件下，不会因机件损坏而影响_____；

③在运行过程中，降低燃料、润滑油及配件和轮胎的磨损；

④减少车辆噪声和排放的污染物对环境的污染；

⑤各部总成的技术状况尽量保持均衡，以延长_____。

（4）现代的汽车维护主要包含了对_____、_____、空调系统、冷却系统、_____、动力转向系统等的维护。纯电动汽车由于不存在发动机而是以_____为动力源，而且动力传递系统也和传动汽车有很大差异；因此其维护项目也和传统汽车有很大的差异，吉利EV450纯电动汽车的维护项目主要可以分为对_____、_____、转向系统、制动系统、行驶系统、_____及车身的维护。

二、计划与决策

请根据任务要求，确定所需要的检测仪器、工具，并对小组成员进行合理分工，制订详细的工作计划。

（1）需要的检测仪器、工具：

（2）小组成员分工：

（3）计划：

三、实施

1. 吉利 EV450 纯电动汽车的维护内容

1）动力电池及充电系统

动力电池标示：_____。

动力电池型号：_____。

慢充口位置：_____，快充口位置：_____。

吉利 EV450 纯电动汽车充电系统由_____组成。

车载充电机型号：_____。

DC/DC 型号：_____。

2）驱动及冷却系统

电机控制器型号：_____，冷却方式：_____。

驱动电机型号：_____，冷却方式：_____。

冷却液型号：_____。

3）汽车底盘

吉利 EV450 纯电动汽车转向系统是_____转向系统。

吉利 EV450 纯电动汽车制动系统是真空助力制动系统，前轮采用_____制动器，后轮采用_____制动器；制动真空泵型号为_____，在_____位置。

吉利 EV450 纯电动汽车前悬架为_____悬架，后悬架为_____悬架，轮胎的型号为_____。

4）电动空调

电动压缩机的位置在_____，型号为_____。

空调制冷剂为_____，冷冻油型号为_____。

2. 吉利 EV450 纯电动汽车维护周期清零

四、检查

（1）检查动力电池型号：_____。

（2）检查 DC/DC 型号：_____。

（3）检查驱动电机型号：_____。

（4）检查电机控制器：_____。

（5）检查电动压缩机型号：_____。

（6）检查维护里程：_____。

五、评估

1.请根据自己任务完成的情况，对自己的工作进行自我评估，并提出改进意见

（1）_____

_____。

（2）_____

_____。

（3）_____

_____。

2.工单成绩（总分为自我评价、组长评价和教师评价得分值的平均值）

自我评价	组长评价	教师评价	总分

学习心得

扫一扫

前悬梁架检查

_____

_____

_____

_____

_____

_____

_____

_____

5S/7S管理制度

▶▶▶

任务导入

小王刚到某新能源汽车 4S 店工作，第一天上班时经理告诉他本 4S 店实行的是 5S 管理制度，让他一定要遵守。你知道什么是 5S 管理制度吗？

学习目标

（1）能根据实训室的功能确定实训室的物资、设备配备情况。

（2）能根据实训室的实训项目设计实训室格局。

（3）能根据设备的使用特点和使用频率确定其放置位置。

（4）能建立设备档案和设备使用记录。

（5）能对实训室的污染源提出改进措施。

（6）能根据自己的理解对实训室实行的管理制度提出改进意见。

理论知识

俗话说"没有规矩，不成方圆"，制度就是规矩，制度的规范作用如图 1-2-1 所示。制度是一个组织内大家共同遵守的行为规范，它可以保证组织有效运转，是达成组织目标的可靠保证，也是实现公平、公正、公开的必要条件。

每个人都随处乱扔垃圾　　　有专人将别人扔的垃圾捡起来　　　每个人都自愿维护环境整洁，
而没有人捡起来　　　　　　　　　　　　　　　　　　　　　　　　没有人乱扔垃圾

（a）没有管理制度的制约　　　（b）管理制度不健全　　　（c）有完善的管理制度

图1-2-1　制度的规范作用在环境卫生中的体现

制度的特点：

（1）指导性和约束性。制度对相关人员做些什么工作、如何开展工作都有一定的提示和指导作用，同时也明确相关人员不能做什么，以及违背了会受到什么样的惩罚。

（2）鞭策性和激励性。制度有时就张贴或悬挂在工作现场，随时鞭策和激励着人员遵守纪律、努力学习、勤奋工作。

（3）规范性和程序性。制度对实现工作程序的规范化，岗位责任的法规化，管理方法的科学化，起着重大作用。制度的制订必须以有关政策、法律、法令为依据。制度本身要有程序性，为人们的工作和活动提供可供遵循的依据。

1.2.1　5S管理制度

为了建立使顾客百分百满意的质量保证体系，改进业务流程、缩短作业周期、确保交货、削减库存、减少亏损、积累和提高生产力、提高人才素养和环境安全及构筑企业文化基础等，现在大部分的汽车4S店正在推行5S管理制度。

1. 5S 管理制度的内容

1）整理（Seiri）

在工作现场区别好要与不要的东西，只保留有用的东西，撤除不需要的东西，如图 1-2-2 所示。

2）整顿（Seiton）

把要用的东西按规定的位置摆放整齐，并做好标识进行管理，如图 1-2-3 所示。

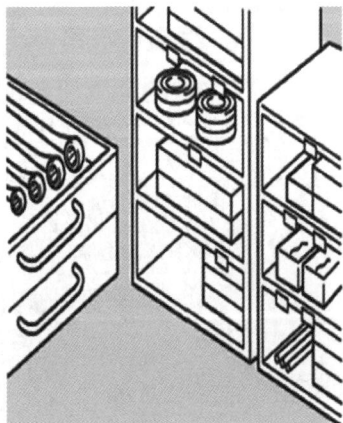

图1-2-2　整理（Seiri）　　图1-2-3　整顿（Seiton）

3）清扫（Seiso）

维持汽车 4S 店的整洁，将不需要的东西清除掉，保持工作现场无垃圾、无污秽状态，如图 1-2-4 所示。

4）清洁（Seiketsu）

维持以上整理、整顿、清扫后的局面，保持整洁卫生，如图 1-2-5 所示。

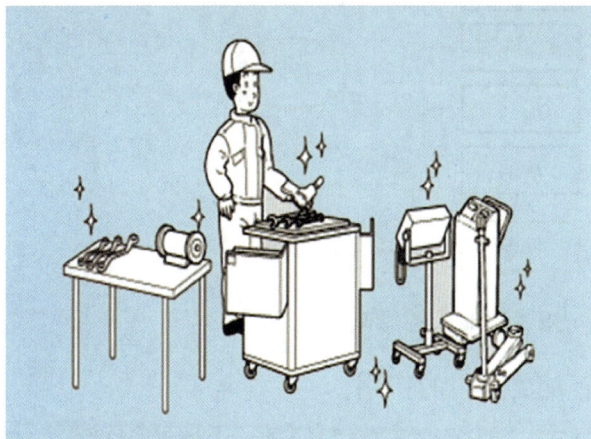

图1-2-4　清扫（Seiso）

图1-2-5　清洁（Seiketsu）

5）素养（Shitsuke）

让每个员工都自觉遵守各项规章制度，养成能正确地执行各项决定的良好习惯，如图 1-2-6 所示。

图1-2-6　素养（Shitsuke）

2. 实施 5S 管理的效用

5S 管理的对象是每一个员工，对个人的行为规范有着深刻的影响，最终目的是让每一个员工形成良好的职业习惯和个人行为，从而提高个人素质，5S 管理对人的影响如图 1-2-7 所示。

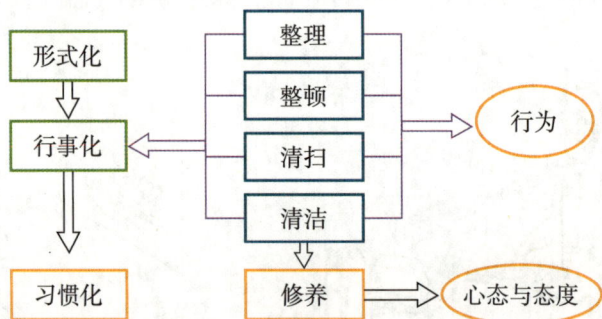

图1-2-7　5S管理对人的影响

对于 4S 店来说，5S 管理对个人及公司的作用：

（1）5S 是最佳销售员（Sales）。干净整洁的工厂才会被顾客称赞，才会对这样的工厂有信心，乐于下订单并口碑相传，会有很多人来工厂参观学习。

（2）5S 是节约家（Saving）。降低很多不必要的材料及工具的浪费，减少"寻找"的浪费，节省时间，降低工时，提高效率。

（3）5S 是对安全有保障（Safety）。宽广明亮、视野开阔的职场，物流一目了然，道路明确，不会造成杂乱情形而影响工作的顺畅。

（4）5S 是标准化的推动者（Standardization）。在三定原则（定位置、定名称、定数量）下进行规范现场作业，大家都正确按照规定执行任务，程序稳定带来品质稳定。

（5）5S 是形成令人满意的职场（Satisfaction）。员工动手打造明亮、清洁的工作场所，产生成就感。

1.2.2　4S店售后服务的组织架构

4S 店实行的 5S 管理制度的售后服务架构如图 1-2-8 所示。

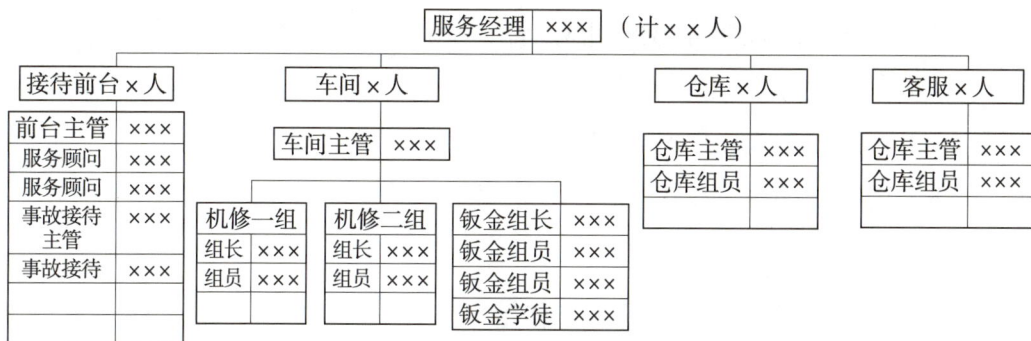

图1-2-8　4S店售后服务架构

4S 店中售后服务部门的职责和主要工作任务如下。

1. 前台主管的职责

（1）前台现场督导；

（2）落实值班台值班人员；

（3）落实前台 5S；

（4）落实当日晚值班人员；

（5）前台服务流程督查（含预约、三件套、维护提醒贴、旧件展示、电话回访、礼仪等）；

（6）前台现场疏导；

（7）现场问题应对、客户应对；

（8）前台业务工作的分配与督查；

（9）前台服务人员的业务培训与指导；

（10）售后业绩和"CSI"目标的达成。

"CSI"是指顾客满意度指数（Customer Satisfaction Index），是以顾客满意度程度为基数编制的用以分析顾客满意程度的指数。它是根据顾客对企业提供的产品和服务质量的评价，通过建立数学模型计算得出的。

2. 车间主管的职责

（1）车间现场督导（现场检查和指导）；

（2）落实车间5S；

（3）车间服务流程督查（含维修三件套和零件不落地）；

（4）车间现场疏导；

（5）现场应对顾客提出的问题；

（6）车间业务工作的分配与督查；

（7）车间服务人员的技术培训和指导；

（8）售后业绩和"CSI"目标的达成。

3. 仓库主管的职责

（1）仓库现场督导（现场检查和指导）；

（2）落实仓库5S；

（3）仓库服务流程督查；

（4）仓库业务工作的分配与督查；

（5）仓库服务人员的业务、技术培训与指导；

（6）库存周转率和配件满足率目标的达成；

（7）厂家稽核项目的完成。

4. 客服主管的职责

（1）负责客户关系维护与管理，确保客户回访率100%，负责4S店整体客户关系管理和信息系统管理；

（2）监督客户区域内场地、设施的环境布置，确保其处于完好或可用状态；

（3）监控所有与客户直接接触的各岗位人员的服务质量；

（4）执行客户回访和客户信息管理工作，并根据反馈意见实施改进；

（5）围绕客户满意度，根据相关部门需求，协调开展广告和市场活动；

（6）策划并组织实施客户关怀和服务促销活动；

（7）定期制作客户关系管理运营绩效报表并汇总给服务经理；

（8）监督续保客户邀约及达成率。

5. 机修组长的职责

（1）负责班组日常管理工作，协助车间主管的工作，对车间主管负责；

（2）负责班组成员的作业进度安排，协调组员的作业安排，确保按客户要求准时交车；

（3）对组员完工车辆进行检查，确保维修质量；

（4）对组员在作业中的故障判断、故障排除、维修操作等进行技术指导，提供帮助，并做检查、监督；

（5）组织、带领组员共同解决技术疑难问题，并向车间主管汇报；

（6)带领并督促组员完成好每天5S责任区的整理、整顿、清扫、清洁、安全等操作；

（7）对组员的工作表现、技术掌握、维护维修任务完成情况进行评定和考核。

6. 维修技工的职责

（1）维修技工直接受班组长和车间主管的管理，对车间主管负责；

（2）按照来自前台接待的维修单或接车问诊单进行检测或维修，并规范操作；

（3）对客户车辆作进一步的故障诊断和检查，并认真、清晰、详尽填写呈批书，交车间主管审核；

（4）对维修、维护的车辆，完成作业后必须进行认真的自检，并清洁车内卫生；

（5）按维修单的要求正确处理旧件；

（6）保持工作场地干净整洁，工具和拆换的零配件摆放整齐；

（7）保存所有的索赔配件，配合索赔专员的工作。

1.2.3 7S管理制度

7S活动是企业现场各项管理的基础活动，它有助于消除企业在生产过程中可能面临的各类不良现象。7S活动推行过程中，通过开展整理、整顿、清扫等基本活动，使之成为制度性的清洁，最终提高员工的职业素养。因此，7S活动对企业的作用是基础性的，也是不可估量的。7S活动是环境与行为建设的管理文化，它能有效解决工作场所凌乱、无序的问题，有效提升个人行动能力与素质，有效改善文件、资料、档案的管理，有效提升工作效率和团队业绩，使工序简洁化、人性化、标准化。

7S管理是指整理（Seiri）、整顿（Seiton）、清扫（Seiso）、清洁（Seiketsu）、素养（Shitsuke）、安全（Safety）、节约（Save），如图1-2-9所示。

图1-2-9 7S管理内容

实践技能

1.2.4　实训室的5S管理

1. 实训室的整理

（1）明确实训室的功能和要完成的实训项目，根据实训项目确定物资、设备的配比情况，设计好空间格局。

（2）检查设备的功能状况，分为正常、可维修和不可维修三类，将不可维修的设备移出实训场地。根据设备的使用特点和使用频率固定放置，要达到保存安全、使用方便的要求。

（3）清除实训室内与实训教学无关的物品，最大限度腾出实训室的空间，提高实训室的使用效率。

2. 实训室的整顿

实训室的管理必须规范化、制度化、标准化，任何操作行为都应有制度上的制约。

（1）建立设备档案，包括设备型号、生产厂家、出厂日期、购入日期、维护细则等。

（2）建立设备操作记录，包括设备名称、操作要点、资产标签、使用记录等。

（3）建立设备维护方案，根据实训室自身的特点制订一套可行的维护方案，对每台设备进行相应的维护，对于贵重设备，指定专人进行保管负责。

（4）常用工具分组分配，并贴上相应的标签。使用完毕后，进行整理并放到相应的位置。

3. 实训室的清扫、清洁

（1）建立详尽的清扫、清洁制度和计划。实训场地课后要进行清扫，每周进行一次彻底清扫。

（2）建立严格的检查、监督制度，使每位教师和学生将随时清扫、随时清洁的行为变为一种正常的工作状态。

（3）污染源的改善处理。找到实训室的污染源，对污染源进行改善处理或提出改善的措施。

4. 实训室的安全

（1）建立、健全安全管理制度。设立安全警戒区、警戒线，作为安全指导。

（2）定期进行安全自检，确保师生安全和实训设备安全。

（3）分组讨论分析，实训室存在的安全隐患及不安全因素，提出改进措施。

单元小结

（1）理解5S管理的内容，明确5S管理制度对企业和个人发展的促进作用。

（2）了解4S店售后服务的组织结构，明确自己所处岗位的岗位职责，了解自身发展的道路及提高个人竞争力的方法。

（3）明确管理制度对学校、企业等的作用，理解本校的管理制度，理解这些管理制度对自身发展的重要作用。

（4）能对某实习或实训场所实行的管理制度提出意见和改进措施。

任务工单1.2　5S/7S管理

任务名称	5S/7S 管理	学时	4	班级	
学生姓名		学生学号		任务成绩	
实训设备、工具及仪器	多媒体教学设备1套、4间实训室，设备和杂物若干、清扫工具若干、工作服若干	实训场地	理实一体化教室	日期	
客户任务描述	根据实训室的功能，对实训室进行 5S 管理				
任务目的	能够规范地完成实训室的整理、整顿、清扫、清洁和安全管理及检查等任务				

一、资讯

（1）制度是一个组织内大家共同遵守的_____，可以保证组织有效运转，是达成组织目标的_____，也是实现公平、公正、公开的_____。

（2）5S 管理制度的内容有_____、_____、_____、清洁和_____。

（3）5S 管理的对象是_____，对个人的行为规范有着深刻的影响，最终目的是要每一个员工形成良好的_____和_____，从而提高_____。

（4）对图中未标注名称的给予标注。

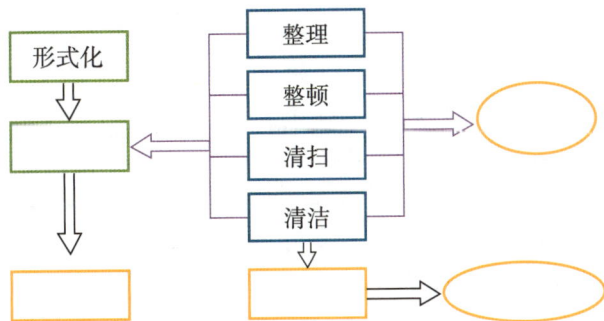

二、计划与决策

请根据任务要求，确定所需要的检测仪器、工具，并对小组成员进行合理分工，制订详细的工作计划。

1.需要的检测仪器、工具

2. 小组成员分工

3. 计划

三、实施

1. 实训室的 5S 管理

1）实训室的整理

实训室的功能：_____。

实训室的设备要求：_____。

实训室的设计格局（画简图）：

与实训室无关的物品：_____。

2）实训室的整顿

设备档案的建立：_____。

设备操作记录本：_____。

制订设备的维护方案：_____

_____。

工具的取用和分配制度：_____。

3）实训室的清扫清洁

清扫清洁制度：_____。

检查审核制度：_____。

污染源：_____。

对污染源提出的改进措施或意见：_____

_____。

4）实训室的安全

安全制度：_____。

设立安全区并画出警戒线（在实训室格局简图上画出）

实训室存在的安全隐患：_____

_____。

改进措施：_____。

2. 根据以上方案对实训室进行改造

经过改造的方面：_____

_____。

未改造的原因：_____

_____。

四、检查

（1）检查实训室的设计格局：_____

_____。

（2）检查设备档案、操作记录和维护方案：_____

_____。

（3）检查污染源改进措施的可行性：_____

_____。

（4）检查安全区的划分是否合理：_____

_____。

五、评估

1. 请根据自己任务完成的情况，对自己的工作进行自我评估，并提出改进意见

（1）_____

_____。

（2）_____

_____。

（3）_____

_____。

2. 工单成绩（总分为自我评价、组长评价和教师评价得分值的平均值）

自我评价	组长评价	教师评价	总分

车间安全与环保

▶▶▶

任务导入

小王在某新能源汽车4S店实习，今天带队师傅告诉他要对吉利EV450纯电动汽车进行充电作业，你知道标准的充电操作流程吗？你知道对纯电动汽车进行充电作业时有哪些注意事项吗？

学习目标

（1）能正确认识纯电动汽车高压系统，保障车间的人身、设备和设施安全。

（2）能正确处理维护、维修作业中的旧件、废弃物。

（3）能正确处理维护、维修作业中遇到的废液、溶剂。

（4）能正确进行充电作业。

（5）能明确纯电动汽车充电的注意事项。

理论知识

与车辆维护与维修相关的许多操作，可能会涉及人身健康、安全和环境污染，因此在进行相关操作或处理时要按照一定的规程进行。

车辆在维护和维修操作中涉及的所有操作及材料的处理都应该以健康和安全为先。在使用任何产品之前，应详细查阅由制造厂或供货商所提供的使用说明或注意事项。

1.3.1 车间安全用电

据统计我国每年仍有数千人死于触电及相关事故，其中 80% 以上的事故是因违反安全用电规则造成的，这本是可以避免的。正规企业在员工上岗前和工作中均要多次进行针对性的安全教育，作为电动汽车维修技术人员，必须做到安全用电。

1. 吉利 EV450 的高压系统

吉利 EV450 的高压部件主要有驱动电机、电机控制器、动力蓄电池、高压电池组、高压配电箱、高压转换器（DC/DC）、空调压缩机、空调暖风机等，如图 1-3-1 所示。

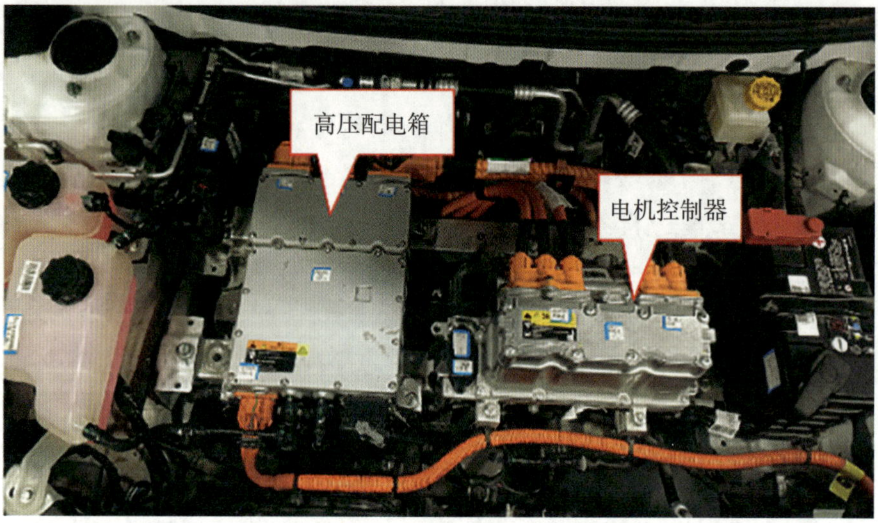

高压配电箱

电机控制器

图1-3-1　吉利EV450纯电动汽车主要高压部件

整车高压线束分为 5 段，见表 1-3-1。注意：驱动电机也属于高压部分，但是吉利 EV450 纯电动汽车的驱动电机与电机控制连接的高压线束是与驱动电机做成一体的，因此在对高压部分进行划分时，往往将其单独拿出。

表 1-3-1　吉利 EV450 纯电动汽车整车高压线束分布

序号	名称	起点	终点
1	动力电池高压电缆	动力电池	高压盒
2	电机控制器高压电缆	高压盒	电机控制器
3	快充线束	快充接口	高压盒
4	慢充线束	慢充接口	车载充电机
5	高压附件线束	高压盒	DC/DC
			车载充电机
			空调压缩机
			空调 PTC

　　动力电池高压电缆如图 1-3-2 所示，快充线束如图 1-3-3 所示，电机控制器高压电缆如图 1-3-4 所示，高压附件线束如图 1-3-5 所示。

图1-3-2　动力电池高压电缆

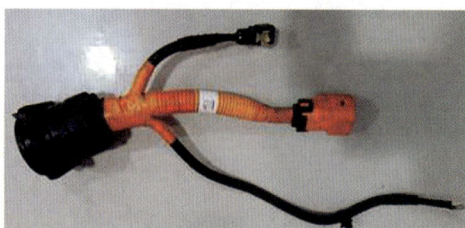

图1-3-3　快充线束

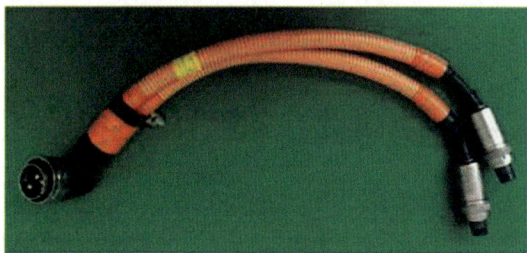

图1-3-4　电机控制器高压电缆

图1-3-5　高压附件线束

2. 吉利 EV450 纯电动汽车的电磁辐射

除了高压本身的危险之外，高压元器件还有电磁辐射，电磁辐射是由空间共同移动的电能量和磁能量所组成的，该能量由电荷的移动产生。可能会导致人体脱发、免疫力下降等，产生电磁辐射的主要元器件有充电设备、电机、逆变器等。

1.3.2 安全防范

1. 排液时的环境防范

（1）溶剂、酸、液压油、冷却液及其他类似物质不应倒入下水道中，在使用的过程中必须防止它们溢出到下水道中。在对这些物质进行操作时，应远离下水道，并随时准备溢出工具。

（2）机油和溶剂等会污染所有接触到的土地，因而不能倒在土壤上，并小心防止溢出的油液流到地上。

（3）排放空调系统中的制冷剂或更换新的制冷剂时，必须使用合适的设备，以免制冷剂挥发到大气中造成环境污染。

2. 废弃物的管理与处理

仔细存放、处置和处理工厂废料是减少污染的一种方法。应合理存放废料和处理废弃物，避免其流失到土壤、水和空气中。要根据种类分离废弃物，如油液、金属、蓄电池、废旧汽车零件等，以防止不同材料之间发生化学反应，方便后续处理。

废弃物处理要交由处理此类特殊材料许可证的持有者，其相关文件必须齐全。由他们负责将废弃物运送到专门的处理场地进行处理。废弃物处理时应遵循以下几点：

（1）液压油、防冻液和其他油液交由特约承包商处理。

（2）制冷剂用专门的设备进行收集或重复使用。

（3）洗涤剂稀释后可安全倾倒入下水道。

（4）油漆、稀释剂分开后交由专门承包商处理。

（5）轮胎交由专门承包商处理。

（6）含石棉物质分开后交由专门承包商处理。

（7）含油的废弃物（如抹布、用后的溢出工具、材料）交由专门承包商处理。

（8）零件送回供应商处进行处理，或拆卸和重复利用可使用部分，其余部分按一般废弃物进行处理。

（9）金属从一般废弃物中分类后再做处理。

（10）包装尽量压缩并以一般废弃物处理。

（11）橡胶、塑料按一般废弃物处理。

（12）蓄电池交由专门承包商处理。

（13）安全气囊交由专门承包商处理。

（14）电子元件送回供应商处理，或拆卸可重复使用的零件，其余按一般废弃物处理。

3. 黏结剂及密封剂

务必要非常小心地处理黏结剂及密封剂；其可能含有对身体有害的化学成分或者会释放出对健康有害的烟雾，使用时一定要遵守制造者的说明。如果对特定用途的任何专用黏结剂或密封剂的适用性有疑问，则联系该产品的制造者，了解有关其储藏、处理与应用的信息。

（1）溶剂基黏结剂或密封剂。大多以聚合物乳胶与合成橡胶为基础，可能含有少量的挥发性有害化学物质，应避免接触皮肤与眼睛，并在使用时保持良好的通风。

（2）热熔黏合剂。在固态的情况下，它们是安全的。在融化的状态下，它们可能会导致燃烧，且可能挥发出有毒气体，从而对健康造成危害。

（3）树脂基黏结剂或密封剂。混合时应在通风良好的地方作业，因为它们可能会释放出有害或有毒的挥发性化学物质。

氧基丙烯酸酯（超级黏胶）及其他的丙烯酸黏结剂大部分具有刺激性，会造成过敏或对皮肤与呼吸道有害；部分会刺激眼睛。应避免与皮肤、眼睛直接接触，并遵守制造厂商的使用说明。

4. 焊接安全

1）焊料

焊料是多种金属的混合物，混合物的熔点比组成的金属（通常是铅和锡）低。在焊接的过程中通常不会产生有毒的含铅气体。在焊接过程中不能使用含氧的乙炔火焰，因为他们温度很高会产生含铅的烟雾。在火焰喷射到带有油脂的表面上时可能会产生一些烟雾，应避免吸入。

除去多余的焊料时必须格外小心，并确保不会产生细小的铅尘，如吸入铅尘会对人体造成危害。必须佩戴防毒面具，以避免吸入焊料的灰尘。

焊料的泄漏物和挫屑必须统一收集并迅速处理，以防止空气被铅污染。

2）电弧焊

电弧焊时会有大量的紫外线辐射，紫外线辐射会对操作员和其他附近人员的皮肤和眼睛带来伤害。气体保护焊相当危险，必须穿戴个人防护服，并使用防护屏保护其他人。在使用电弧焊时，建议隐形眼镜佩戴者恢复佩戴普通眼镜。弧光会释放出微波使隐形眼镜佩戴者角膜与镜片间因失水而干涩，甚至会使人失明。

当焊芯或其保护层被污染时，焊接弧光的热量会使金属熔池在焊接时产生烟和气体，这些气体可能有毒害，应避免吸入此类气体，必须排除工作区域内的有毒气体，特别是在空气流通不畅时或预先知道有大量焊接时。在特别情况下或在狭小的区域内进行焊接必须戴上氧气罩。

在使用电弧焊时会有金属飞溅，必须采取正确的措施对眼睛和皮肤进行有效防护。

3）气焊（气割）

在焊接和切割时会使用氧乙炔焰切割，因此要特别小心此类气体的泄漏，如不小心泄漏，可能会造成燃烧或爆炸。使用气焊时会产生金属溅落物，必须采取适当的保护皮肤和眼睛的措施。

使用气焊时会产生一些有毒气体，但此类有毒气体是由焊接涂层特别是切割损坏部分产生的，应避免吸入此类气体。铜焊时，铜焊条中的金属可能会产生有毒气体，当此类情况发生时应特别小心，避免吸入有毒气体，并寻求专家的帮助。

在有易燃物的汽车内，不论进行何种焊接或切割，事前都应采取特别的防范措施。

拓展阅读

1.3.3　车间安全用液

现代汽车使用多种油液，如果处理不当可能会对人体造成危害。

现代汽车使用的油液中有很多是有毒的，在使用过程中不会被耗尽，因此在维修、维护的过程中应尽可能地远离身体，以保证作业人员健康。北汽 EV160 纯电动汽车使用的液体主要有制动液、空调制冷剂、润滑油/脂、冷却液、蓄电池酸液等。

1. 制动液

制动液溅到皮肤与眼睛时会有稍许的刺激，应尽可能避免接触皮肤与眼睛。由于其蒸气压力非常低，故在常温下吸入的危险性不高。

2. 空调制冷剂

空调制冷剂是一种高度可燃物，所以储存与操作时要远离阳光暴晒与火源。制冷剂极易挥发，挥发时会带走大量的热，因此要防止制冷剂液体直接接触皮肤，避免冻伤。

使用空调制冷剂时的注意事项：

（1）不要在密闭的环境内或接近明火的区域处理制冷剂。

（2）务必戴上护目镜。

（3）注意不要让液体制冷剂溅入眼睛或溅到皮肤上，如果液体制冷剂溅入眼睛或溅到皮肤上，立刻用大量冷水清洗这些部位，在皮肤上涂抹干净的凡士林，并且不可擦拭。视情况寻求医疗援助。

（4）在加注制冷剂时，不可将制冷剂瓶跌落，不可将制冷剂直立，保持其阀门朝下。

（5）不可将不同的制冷剂混合。

3. 润滑油 / 脂

应避免长时间接触润滑油或润滑脂，所有的润滑油、润滑脂都对眼睛与皮肤有刺激性，会造成皮肤自然油脂的丧失，导致皮肤干燥、发炎与皮炎。使用过的润滑油可能含有能导致皮肤癌的有害污染物，所以在操作时必须使用皮肤保护设备，并备有适当的冲洗设备。北汽 EV160 中常接触的润滑油是使用过的变速器油，常接触的润滑脂是锂基润滑脂。

更换变速器油时应遵循以下安全守则：

（1）穿戴防护衣物，包括不能渗透的手套。

（2）开放性伤口要在第一时间得到紧急处理。

（3）操作完成后要用肥皂与清水清洗，清洗后涂抹含有羊毛脂的润肤剂可以补充皮肤上失去的天然油脂。

（4）不可使用汽油、煤油、柴油、稀释剂或溶剂来清洁皮肤。

（5）在作业前，尽可能除去零部件上的油脂。

4. 冷却液

冷却液中含有乙二醇，在受热时可能会产生蒸气，应避免被蒸气灼伤和吸入这些蒸气。经由皮肤吸收的冷却液可能达到有毒或有害的剂量。如果误服冷却液可能会致命，应立即送医院救治。

5. 蓄电池酸液

（1）蓄电池酸液对皮肤、眼睛、鼻、喉咙有刺激性及侵蚀性，会造成灼伤；能腐蚀普通衣物。应避免将蓄电池酸液泼溅到皮肤、眼睛与衣物上，并佩戴适当的防护围裙、手套与护目镜。务必要在近处准备好水源与肥皂，以便发生泼溅意外时取用。

（2）充电时会释放具有爆炸性的气体。故切勿在充电中或刚充完电的蓄电池附近使用火焰或火花，应保持良好的通风。

1.3.4　纯电动汽车充电注意事项

（1）首先要使用符合国标的车辆和充电桩，不要使用第三方或没有国家许可生产和检验合格标识的充电桩，合格的接线方式（特别是接地保护）在安全方面也尤为重要。

（2）充电前需确认车的状态是否良好，充电设备是否正常。充电开始后要确认电压和电流都是在正常范围内，才能离开现场。如果有条件，应该定时查看充电状态是否正常。

（3）尽量让充电线缆与墙端插座直接相连，检查充电插座是否在良好状态，避免在连接线有破损或插座有腐蚀生锈的情况下进行充电。

（4）尽量避免使用拖线板，如必须使用拖线板：不要把拖线板和充电接口直接放置在地面上，以免进水，也要避免拖线板在阳光下暴晒。

（5）避免将充电线缆在阳光下暴晒并大功率充电，暴晒并持续发热可能引起充电线过热并引燃插座。

实践技能

扫一扫

高压防护用品检查

在维修、维护高压部件时，禁止带电作业；其次，要先将车钥匙置于 OFF 挡，并断开低压蓄电池负极电缆；最后，要使用高压绝缘胶垫、手套、防护鞋等。

1.3.5　车间安全生产操作规程

（1）各工种员工必须正确使用常用 / 专用工具、量具、设备，禁止违规使用（违反该设备使用说明书）。

（2）各工种员工必须遵守通用的"安全生产操作规程"及本工种的安全操作规程、规则。

（3）各工种在敲击、碰撞作业时，禁止使用相同刚性（硬度）的工件进行撞击作业，避免撞击产生的金属屑伤人。

（4）严禁对工具、设备及车辆等使用蛮力，如超负荷使用工具，延长加力杆，增加加力杆等。使用叉车、吊车进行作业时，必须遵守该设备操作规程。

（5）机修工、钣金工、漆工禁止同时在同一车间作业。严禁多工种同时在同一车辆上进行作业。

（6）各工种在作业前必须确认该车支撑牢固、安全可靠后，方可进行作业。车轮前后未塞垫块时，禁止钻入车底作业。

（7）在油箱周边 5 m 内进行焊接作业时，必须用石棉被将油箱盖严实。周边 10 m 内有易燃易爆物品时，禁止进行动火、施焊作业。

（8）氧气瓶、乙炔瓶等之间的安全距离为 5～8 m，少于 5 m 属违规作业。储存氧气、乙炔时，空瓶、重瓶各自单独存放，不得混存，分存间距要大于 5 m。

（9）阳光不得直射（晒）氧气瓶、乙烷瓶，必须露天作业时应对其进行遮光处理。

（10）搬运氧气瓶、乙炔瓶时要轻装轻卸，禁止碰撞、禁止混运。禁止非驾驶人在厂内驾驶、挪动机动车。叉车在使用前必须经领导批准同意，上路时必须是持证者驾驶。

（11）在同一辆车上禁止上、下电同时作业。

（12）焊、割驾驶室及其他在驾驶室内外动火作业时，动火前必须备一桶水及一至两块湿毛巾，防止引燃塑料件、橡胶件。

（13）各工种动用砂轮机、切割机时必须佩戴平光眼镜，焊工进行气割、气焊作业时必须佩戴浅色平光眼镜，各工种动用手砂轮机进行除锈抛光作业时必须佩戴平光罩保护眼睛。

（14）凡在罐体等封闭环境内作业时，必须保证通风、换气可靠，同时在外应有监护人，需要照明时，事先检查导线是否可靠，绝对不能漏电。

（15）车间手持工作灯必须使用低压电（36 V），严禁使用 220 V 电源。厂区不得有裸露开关，所有用电设施必须有可靠的安全保护装置。

（16）电动汽车禁止用充电机随车充电，充电必须在充电车间进行。

（17）车间、厂区要配置一定数量的有效灭火器（平均间距 10 m 一支），配备灭火沙若干堆，配有消防池若干个。

（18）车间、库房内禁止吸烟，吸烟区应规定在客户休息室、门卫室或另设专门的吸烟区，吸烟者应自觉到吸烟区吸烟。

（19）各工种用完的专用/公用工具、设备应按规定放置整齐。

（20）凡是上班时间，一律按规定穿戴劳服用品，工作服必须干净整洁。

（21）员工应保持车间、设备整洁，为安全生产创造一个良好的环境。

1.3.6　吉利EV450纯电动汽车充电作业

交流充电作业时，请关闭启动开关，遵照如下说明操作：

（1）选择 220 V/16 A，有可靠接地的三孔插座。

（2）在车辆解锁状态下，用手掌轻按充电小门左侧，小门轻微弹出，拉开小门。

（3）松开塑料卡扣，并打开充电口盖，如图 1-3-6 所示。

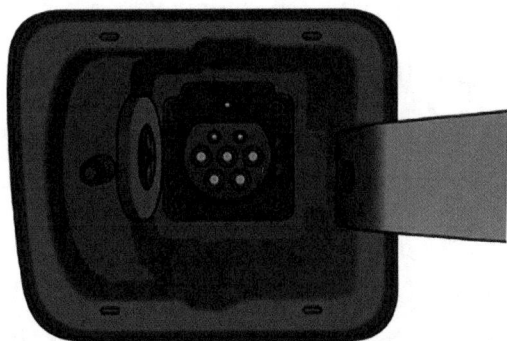

图1-3-6　充电口

（4）从行李箱的随车工具箱中取出随车充电枪，如图 1-3-7 所示。

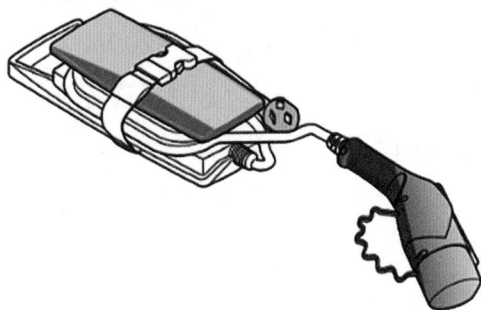

图1-3-7　随车充电枪

（5）打开充电手柄上的保护盖，并按住充电手柄上的按钮，直到充电手柄插到车身的充电插座底部后，释放该按钮，如图1-3-8所示。

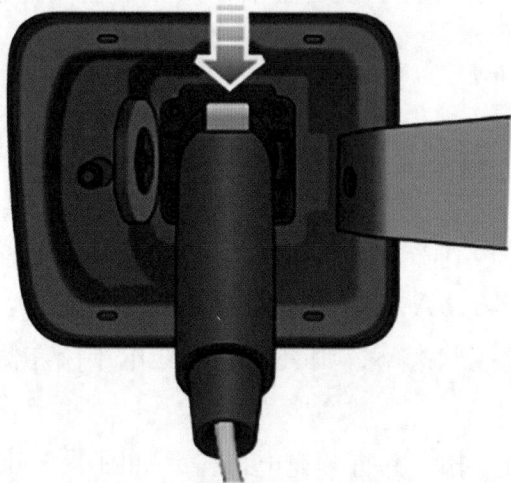

图1-3-8　充电手柄释放按钮

（6）将3脚充电插头接入常用居民用电线路。

（7）在3脚充电线连接完成后，充电连接指示灯会点亮。

（8）充电时，充电线控制盒上的电源指示灯会常亮，充电指示灯保持常亮。充电口有充电呼吸灯，充电时会呈明暗交替的闪烁效果。充电时，仪表会显示"充电连接指示灯"与"充电指示灯"点亮。

（9）充电结束后，充电线控制盒上的电源指示灯也会会熄灭，充电指示灯熄灭。解锁车辆后，先断开充电线与充电电源之间的连接，再将充电线从车上断开，整理并放进工具箱内。

（10）将车身充电口盖和充电口小门依次合上盖好。

注意：充电供电电压为常用居民用电 220 V、16 A，包含火线（L）、零线（N）、地线（PE）。充电线的地线用于连接供电设备地线和车辆车身地线，起保护作用。充电时供电设备或者接线板必须达到 3.3 kW、16 A 以上的要求，且前端电路接地可靠，有漏电和过载保护。

单元小结

（1）吉利 EV450 纯电动汽车高压部件主要有动力电池、高压盒、电机控制器、车载充电机、DC/DC、空调压缩机和空调暖风机等。相应的整车高压线束分为 5 段。注意：驱动电机也属于高压部分，但是吉利 EV450 纯电动汽车的驱动电机与电机控制连接的高压线束是与驱动电机做成一体的，因此在对高压部分进行划分时，往往将其单独拿出。

（2）交流充电作业过程：关闭启动开关→打开交流充电口，选择合适参数三角插座（含接地）→连接随车充电枪→仪表显示"充电连接指示灯"与"充电指示灯"点亮→充电结束后取下随车充电枪，放回规定位置→关闭交流充电口，充电作业完成。

任务工单1.3　车间安全与环保

任务名称	车间安全与环保	学时	4	班级	
学生姓名		学生学号		任务成绩	
实训设备、工具及仪器	多媒体教学设备1套、吉利EV450纯电动汽车4辆、车间安全用具4套、个人安全防护用具4套、放电工装4套	实训场地	理实一体化教室	日期	
客户任务描述	一辆北汽EV160纯电动汽车，需要对高压系统进行不带电操作				
任务目的	能够正确规范地完成纯电动汽车的下电、上电作业				

一、资讯

（1）吉利EV450高压部件主要有_____、_____、电机控制器、_____、_____等。

（2）对表中未填写的内容进行填写。

序号	名称	起点	终点
1	动力电池高压电缆	动力电池	
2	电机控制器高压电缆		电机控制器
3	快充线束	快充接口	
4	慢充线束	慢充接口	
5	高压附件线束	高压盒	

二、计划与决策

请根据任务要求，确定所需要的检测仪器、工具，并对小组成员进行合理分工，制订详细的工作计划。

1.需要的检测仪器、工具

2.小组成员分工

3. 计划

三、实施（吉利 EV450 充电）

四、检查

五、评估

1. 请根据自己任务完成的情况，对自己的工作进行自我评估，并提出改进意见

（1）_____

_____。

（2）_____

_____。

（3）_____

_____。

2. 工单成绩（总分为自我评价、组长评价和教师评价得分值的平均值）

自我评价	组长评价	教师评价	总分

扫一扫

车辆上下电流程

学习心得

新能源汽车维护接待

任务导入

　　小王在某新能源汽车 4S 店担任维修接待员，今天有一辆吉利 EV450 纯电动汽车来店做 30 000 km 维护，需要小王接待。你知道汽车维护、维修接待的流程是什么样的吗？接待客户时有哪些注意事项？

学习目标

（1）能与客户交流并建立良好的客户形象。
（2）能为客户制订正确的维修、维护接待流程。
（3）能与客户建立长期联系并适当电话回访。
（4）能规范地进行环车检查。
（5）能进行竣工检查。
（6）能礼貌、规范地进行维护、维修结算。

理论知识

　　"客户至上、服务至上"作为一项服务宗旨，反映了公司对员工的期望，而每一位员工的一言一行都代表着企业的形象，能否对客户进行优质的服务直接影响到公司的声誉，一个拥有众多汽车的 4S 店，对顾客服务不周到，态度不佳，也会造成公司信誉的不断下降，最终流失客源。

　　由此可见，业务接待是企业文明的窗口，是企业管理的体现，是企业技术、公关的标志。每一次业务接待都是反映公司形象、表现对客户的态度、体现公司精神面貌、获得客户心理认同的最好途径。

1.4.1 售后服务顾问礼仪、举止规范

售后服务顾问不仅要具有专业的汽车理论知识、良好的职业道德修养、较好的气质仪表，还要用严格的职业礼仪来规范自己的行为。

1. 着装规范

（1）按季节统一着装，整洁、得体、大方。

（2）衬衫平整干净，领子与袖口没有污渍。

（3）穿西服应佩戴领带，注意领带和西服的颜色要相配。

（4）胸卡要佩戴在左胸位置，卡面整洁、清晰。

（5）穿深色皮鞋，保持鞋面干净、光亮。

（6）服装要得体，不可奇装异服，不可过分华丽。

2. 仪容规范

（1）头发干净整齐，有一个合适的发型，保持清洁，男性顾问不可留长发。

（2）面部清洁，女性顾问要化淡妆，不能浓妆艳抹，男性顾问要经常剃胡须。

（3）指甲不能留太长，要注意修剪。

（4）口腔保持清洁，不吃有异味的食物。

3. 举止规范

（1）微笑。微笑是最好的服务，在任何情况下都要用微笑接待每一位客户。

（2）打招呼。要主动与客户打招呼，目光注视客户。使用业务接待中常用的招呼语言，如：请，您好，对不起，麻烦您，劳驾，打扰了，见到您很高兴，非常感谢，再见。

（3）握手。握手是我们日常工作中最常使用的礼节之一。接待客户时，接待人员应主动把手伸向客户，表达诚意。握手时要有一定的先后顺序，一

般顺序是上级在先，长者在先，女性在先。握手力度不可过猛或者毫无力度，要注视对方并微笑。

注意：接待女客户时不可主动伸手，更不可双手握对方的手。

（4）自我介绍。在介绍自己的姓名、职务时，要清晰明了，坦诚亲切。在介绍的同时，可以递交自己的名片，递交名片时要双手送出。在接客户的名片时要用双手，接过后要仔细收藏好名片，不可随意放在桌子上。

（5）引路。在客人的左前侧为其示意前进方向。

（6）送客。在客人的右前侧为其示意前进方向。

1.4.2 电话礼仪

1. 拨打电话的礼仪

1）问候、告知自己的姓名

注意：先报出自己的姓名，讲话时要有礼貌。

基本用语：您好，我是 ×× 公司的 ××。

2）确认电话接听对象

注意：必须确认电话对象。要找的人接通电话后，应重新问候。

基本用语：请问是 ×× 公司的 ×× 吗？麻烦您，我要找 ×× 公司的 ××。

3）讲明去电目的

注意：对时间、地点、数字等进行确切的传达。

基本用语：今天打电话是想向您咨询一下关于 ××。

4）结束语

注意：语气诚恳，态度和蔼。等对方放下电话后，再放下自己的电话。

基本用语：谢谢，麻烦您了，那就拜托您了。

2. 接听电话的礼仪

1）拿起电话听筒，并告知对方自己的姓名

注意：告知对方自己的名字；在电话机旁准备好记录用的纸笔；音量适中，不要过高。

基本用语：您好，我是××公司××，请问有什么可以帮助您的。电话响铃3声以上时说"让您久等了，我是××公司××"。

2）确认对方

注意：确认对方的身份；如是客户，表达感谢之意。

基本用语：××先生，您好；感谢您的关照。

3）听取对方来电的用意

注意：必要时进行记录，谈话内容不可脱离主题进行。

基本用语：是，好的，清楚，明白等。

4）确认

注意：确认时间、地点、对象、事由，如果是留言，记录下电话时间和留言人。

基本用语：请您再重复一遍，您看这样对吗？

5）结束语

注意：感谢对方来电，等对方放下电话后再放回自己的电话。

基本用语：清楚了，请放心，我一定转达，谢谢，再见。

1.4.3　客户接待技巧

1. 提问技巧

在交流中，提问是交流的一大技巧，适当的提问可以发现和收集客户的信息，以便准确地把握客户的需求，为客户提供更好的服务。一个售后服务顾问的服务技能怎样，服务经验是否丰富，从提问中就可以看出来。

提问可以分为两种：一种叫做开放式的问题，一种叫做封闭式的问题。

1）开放式的问题

可以让客户比较自由地讲出自己的观点，这种提问方式是为了了解一些事实。一般以"是什么""怎么样""为什么"等开始询问。比如，"请问您的车有什么故障？"

当客户叙述故障的时候，往往就会从听到的噪声，驾驶的感受，发动机的性能等角度进行描述，售后服务顾问可以接收更多的信息来对故障车辆进行诊断。

2）封闭式的问题

这是为了帮助客户进行判断，客户只能回答是或者不是的问题。例如，问客户："噪音像敲击金属的声音吗？打开空调以后是否有冷风吹出？"

2.沟通技巧

除了提问技巧之外，售后服务顾问还要拥有言谈技巧、倾听技巧、接待投诉客户的技巧等。与客户沟通的技巧见表 1-4-1。

表 1-4-1　4S 店接待员沟通技巧

沟通的原则	沟通方式		面对投诉
	倾听技巧	言谈技巧	
原则一：客户永远是正确的；原则二：敢于面对、积极主动、以诚相待；原则三：耐心倾听顾客的声音；原则四：站在客户立场上将心比心；原则五：迅速采取行动；原则六：记录过程，吸取教训，总结经验	技巧一：不要随意打断客户；技巧二：适当复述，以帮助准确理解；技巧三：肯定对方谈话的价值；技巧四：配合恰当的肢体语言；技巧五：保持微笑	技巧一：言语有度；技巧二：准确运用肢体语言；技巧三：避讳隐私；技巧四：保持正确的礼仪距离；技巧五：经常使用基本的礼仪用语	技巧一：合作，如：我有一个建议，您是否愿意听一下；技巧二：询问，真正确定对方想什么，才可能达成双方都能接受的解决方案；技巧三：回形针策略，当接待情绪激动的客户时，请求对方随手递给自己一些类似回形针、笔、纸等东西，当客户递交自己时，立马向顾客表示感谢，为两人创造一种合作的氛围；技巧四：发掘"需要"，最好的发掘需要的方法是多问几个为什么；技巧五：管理对方的期望，售后服务顾问应该直接告诉客户自己能够为他做些什么；技巧六：感谢，一句感谢比一句道歉更加重要

1.4.4　汽车维修服务流程

汽车维修的服务流程：预约、店面接待、维修作业、竣工检验、结算交车、跟踪回访（图 1-4-1）。近年来，为了提高服务质量，大部分 4S 店在此基础上增加了客户招揽，为 4S 店的销售起到了锦上添花的作用。

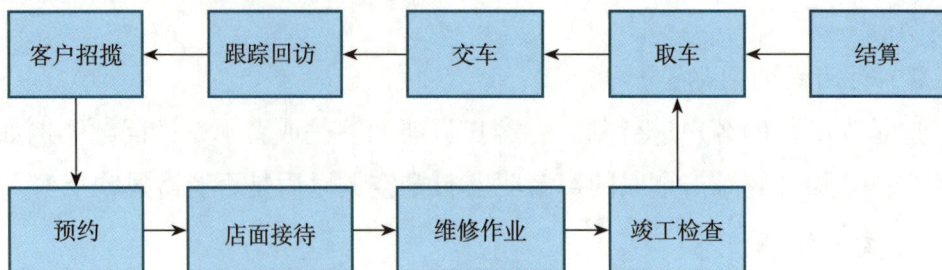

图1-4-1　汽车维修服务流程

1. 客户招揽

对客户进行招揽的目的：

（1）提高汽车品牌的知名度。

（2）提高客户对汽车品牌的满意度，提高 4S 店的收益。

主要的招揽方法：

（1）采用直接联络的方式，如电话预约、E-mail 提醒、上门服务等。

（2）采用广告宣传方式，如电视广告、报刊广告、传单派发、网络宣传等。

（3）采取其他优惠政策，如 VIP 服务、会员制、满减活动等。

2. 预约服务

预约的好处：

（1）方便客户可以根据自己的日程安排服务时间，节约客户时间。

（2）可以为更多的客户提供优质的服务。

（3）可以事先准备好备件，减少因外部因素对工作效率的影响。

与客户预约的方式一般是电话预约，电话预约的流程如图 1-4-2 所示。

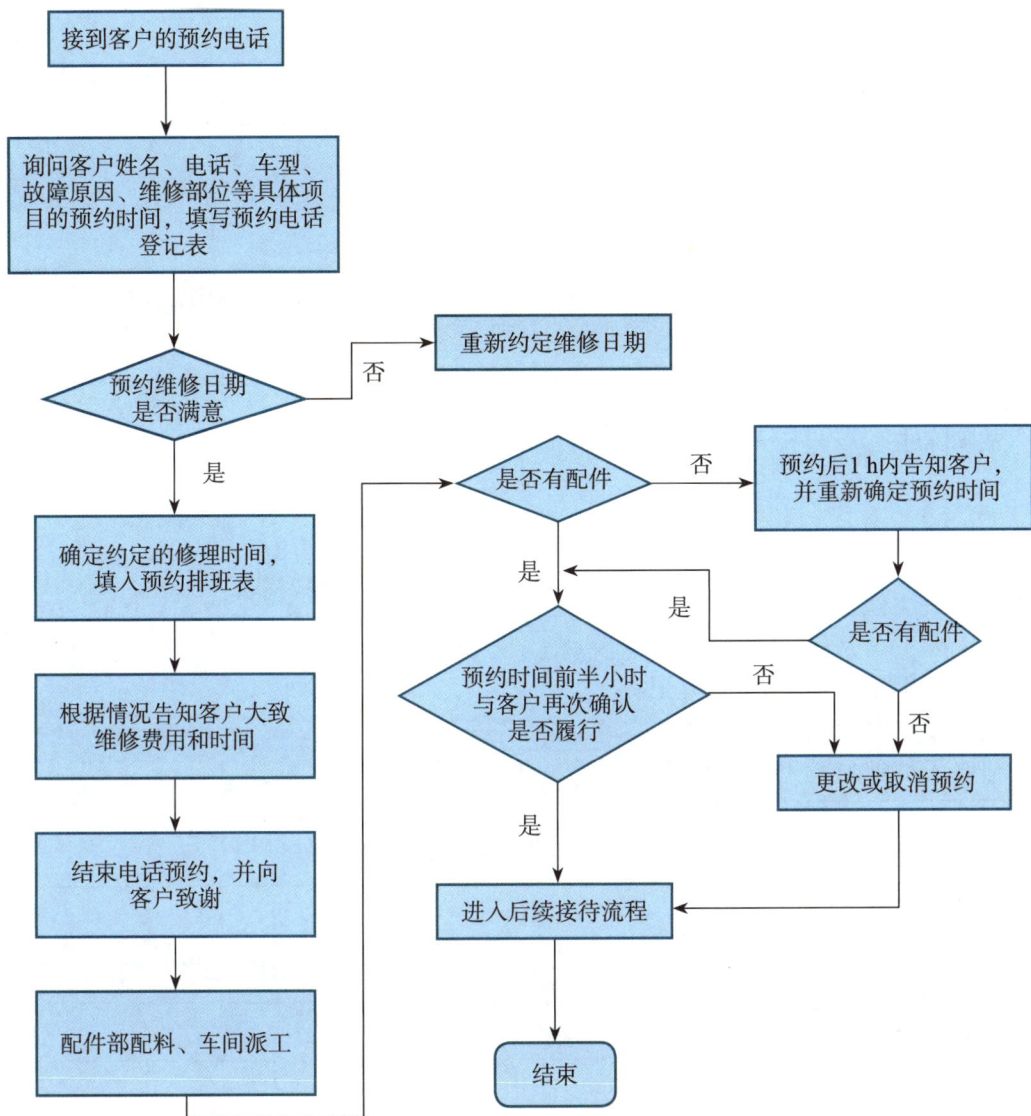

图1-4-2　电话预约流程图

　　预约人员为客户做好预约后，应当及时做好记录，以便日后有证可查，预约登记表见表 1-4-2，维修预约确认单见表 1-4-3。

表 1-4-2　预约登记表

填表时间	年　　月　　日　　时				
车型：　　　　　车号：　　　　　发动机号：					
车主：　　　　　联系电话：　　　　　接待员：					
预约时间：　　年　　月　　日					
故障陈述		维修项目	跟踪情况		
			客户签名：		

说明：
1. 此表用于客户预约服务的登记
2. 此表要作为客户跟踪的依据
3. 业务人员要在客户预约前进行提醒

表 1-4-3　维修预约确认单

客户名称		联系人				
客户电话		来厂时间	年　　月　　日　　时　　分			
维修项目						
客户预交定金			定金接收人签字盖章			
接待员			公司业务电话：			

　　进行预约服务时要注意：要让预约的客户享受到预约的待遇，与未预约的客户要区分开来，这是决定客户下次是否会预约的重要因素。可以从以下几点着手：

（1）让客户认同预约，感受到预约的好处。

（2）在客户接待区放置告示牌，提醒客户进行预约。

（3）把预约的客户名单写入欢迎板，让预约客户感受到尊重和关注。

（4）经常向未预约的客户宣传预约的好处，增加预约率。

3. 店面接待

店面接待属于服务流程中直接与客户接触的第一个环节，通过与客户的沟通交流，使用户对企业建立信任。为了避免客户在提车时产生不必要的误会，售后服务顾问在车辆进入维修车间前必须与客户一起对车辆进行环车检查，并填写环车检查单（图1-4-3）。

| 外观检查 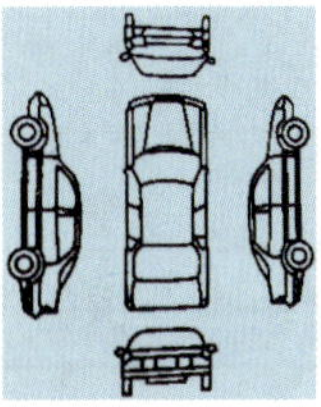 | 功能确认：（正常工作√　　不正常 ×）
□音响系统　　□门锁　　　□全车灯光
□工具　　　　□后视镜　　□天窗　　　□座椅
物品确认：（有√　　无 ×）
□贵重物品提示　　□油量
□工具　　　□备胎　　　□其他
旧件交还用户：□是　　□否 |

图1-4-3　环车检查单

环车检查的主要内容有车辆外观是否有漆面损伤、车辆玻璃是否完好、内饰是否有脏污、仪表盘表面是否有损坏、随车附件是否齐全、车内及行李箱内是否有贵重物品等。

环车检查的目的：

（1）使维修企业免受不应有的赔偿（如已存在的划伤及丢失的个人财产）。

（2）确定用户没有察觉的维护需要（如车身划伤或压痕、轮胎异常磨损、刮水器刮片磨损等）。

环车检查完成后，填写接车问诊表（表1-4-4），并请客户签字确认。

表 1-4-4　接车问诊表

车牌号：	行驶里程：	车架号：
用户名：	电话：	来店时间：
用户陈述及故障发生时的状况		
故障发生状况提示：行驶速度、发动机状态、发生频率、发生时间、部位、天气、路面状况、声音描述		
接车员检测确认建议		
检测确认结果及主要故障零部件		
检查确认者：		
注意："接车问诊表"应一式两份，一份交由客户保管，一份交由企业保管		

整个接待过程包括从客户将车停好，到维修人员与客户进行沟通这一时间段。在这个过程中由相应的售后服务顾问进行接待，此过程需注意以下几个问题：

（1）沟通时间不少于 7 min，这样可以充分了解客户的需求；可以挖掘更多的潜在利润；建立一定的感情基础，有利于后续工作的开展。

（2）如遇到技术方面等自己解决不了的问题，需向维修人员求助，不可擅作主张。

（3）当着顾客的面铺三件套（一次性座套、方向盘套、脚垫），检查车辆要认真仔细，但又不可让客户感觉我们过度防范。

（4）建议客户将车中的贵重物品取走，并为客户提供袋子。

4. 维修作业

制作"维修估价单"（表 1-4-5）。确认"接车问诊"，同时根据施工单填写维修代码、名称、作业时间等。

表 1-4-5　维修估价单

客户：　　　　　　车型：　　　　　　VIN：　　　　　　日期：

维修项目	工时费	零件代码	零件名称	数量	售价
计费方式	工时费	维修费		零件费	
费用总计		接待员签字		客户签字	
备注					
增补（追加）维修					
维修项目	工时费	零件代码	零件名称	数量	售价
计费方式	工时费	维修费		零件费	
零件费合计		接待员签字		客户签字	
备注					

　　售后服务顾问待客户签字确认维修工单后，将维修工单交给维修车间。车间维修人员接到派工单后，应及时、全面、准确地完成维修项目，不应超出维修范围进行作业。维修人员要爱惜客户的车辆，注意车辆的防护和清洁卫生，做到文明生产、文明维修，做到零件、工具、油水"三不落地"，随时保持维修现场的整洁。

5.竣工检查

　　维修作业结束后，首先进行质量检查，质量检查合格后再进行一系列交车前的准备工作。这些准备包括车辆清洁、整理旧件、完工审查和通知客户取车。竣工检查的流程如图 1-4-4 所示。

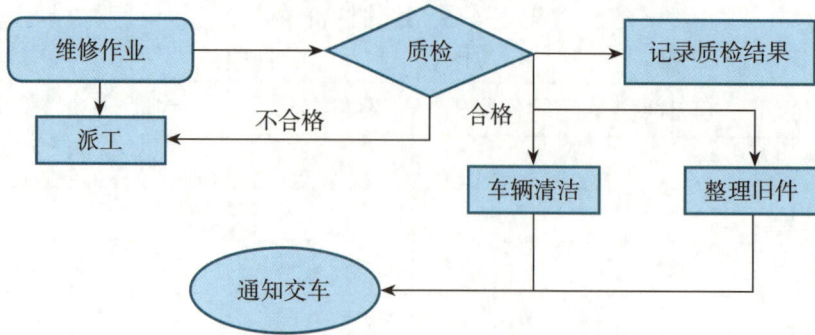

图1-4-4　竣工检查流程

1）质量检查

质量检查有助于发现维修过程中的失误和验证维修的效果。质量检查是维修服务流程中的关键环节，维修人员将车辆维修完毕后，须由质检员进行检查并填写质量检查项目，必须由试车员进行试车并填写试车记录。

2）车辆清洁

客户的车辆维修完毕后，应该进行必要的车内外清洁，以保证车辆交付给客户时维修完整、内外清洁，符合客户要求。

3）整理旧件

如果维修工单上显示客户需要将旧件带走，维修技术员则应将旧件擦拭干净、包装好，放在车上或放在客户指定的位置，并通知售后服务顾问。

4）完工审查

承修车辆的所有维修项目结束并经过检验合格后，售后服务顾问进行完工审查。完工审查的主要内容是核对维修项目、工时费、配件材料数量，材料费是否与估算的相符，完工时间是否与预计相符，故障是否完全排除，车辆是否清洁，旧件是否整理好。审查合格后通知客户取车。

6. 结算交车

在客户来接车之前，售后服务顾问应把"结算单"（表1-4-6）打印好，客户到维修服务企业后，售后服务顾问接待客户，向客户说明车辆的维修情况和"结算单"的内容。这样做是为了尊重客户的知情权，消除客户的疑虑，让客户明白消费内容，提高客户的满意度。

表 1-4-6　结算单

客户：　　　　　车型：　　　　　车牌号：

维修类型	班组	工时费	材料费	管理费	税费（％）	总额
序号	材料名称	单位	数量	单价	金额	备注
1						
2						
3						
4						
5						
总额	万　　　千　　　百　　　拾　　　元					

日期：　　　　　制表：　　　　　财务：　　　　　复核：

交车时在客户面前取下座椅套、胶垫和方向盘护套，向客户提供相关维护的专业建议，提醒客户下一次定期维护的时间。陪同客户去财务中心付款，介绍跟踪回访服务，最后向客户致谢并引导客户车辆出店。

7. 跟踪回访服务

当客户提车离厂后，维修企业应在三日之内进行跟踪回访。其目的不但在于体现对客户的关心，更重要的是了解客户对维修质量、客户接待、收费情况和维修的时效性等方面的反馈意见，以利于维修企业发现不足、改进工作。

回访人员应做好回访记录，填写"回访记录表"（表 1-4-7）作为质量分析和客户满意度分析的依据。

表 1-4-7　回访记录表

日期：

客户信息		服务质量		意见及建议
姓名		工作人员态度		
车牌号		工作人员业务水平		
联系电话		工作人员效率		
维修单号		收费情况		
出厂时间				
现行驶里程				
车况				

填写跟踪记录时，如有顾客不满或投诉应先向顾客致歉并立即向服务经理汇报情况，尽快采取合理措施。填写完跟踪记录表以后应对其进行存档，每月底总结一次当月跟踪服务的结果，向服务经理报告并提出整改方案。

拓展阅读

1.4.5　售后服务顾问的岗位职责及技能要求

在汽车维修企业中，售后服务顾问是指主要负责客户的接待，客户来电的接听和解答，仔细问诊和安排好维修工作，做好维修人员和客户之间车辆信息的及时反馈，与客户交谈并向客户推荐定期维护，定期对客户进行回访的工作人员。

1. 岗位职责

售后服务顾问是汽车企业中负责客户接待的工作人员，客户进入汽车维修企业，第一个接触到的人就是售后服务顾问。售后服务顾问岗位职责主要有以下几点：

（1）接待来公司维修车辆的客户，记录和判断车辆故障并安排维修。

（2）汽车保修索赔的处理和事故车定损。

（3）对客户资料进行整理、归档。

（4）与客户搭建良好沟通，做好客户维护工作。

（5）对维修车辆状态进行追踪跟进，确保维修质量。

（6）协助客户做好车辆维修费用的结算工作。

（7）负责客户的满意度跟踪，处理客户意见。

（8）负责工作区域的目标执行落实。

（9）宣传本企业，推销新技术、新产品，解答客户提出的相关问题，开拓新客户市场。

2. 技能要求

售后服务顾问作为汽车维修企业的一个形象展示窗口，就必须具备一定的岗位技能，这样，才能保证汽车维修企业在客户心中的形象，确保客户满意度。以下是售后服务顾问需要掌握的岗位技能：

（1）具备汽车理论和维修方面的知识，了解汽车行业及汽车构造。

（2）有良好的服务营销知识，沟通协调能力强。

（3）会计算机操作的基本操作，能够熟练使用 Office 办公软件和售后服务的操作软件。

（4）熟悉保险公司理赔流程。

（5）熟练掌握售后服务接待操作流程和要求。

（6）有一定的汽车驾驶技能。

此外，具有良好的英文听、说、读、写能力，也是售后服务顾问非常重要的一项岗位技能。

实践技能

1.4.6　吉利EV450纯电动汽车维护接待

1. 店面接待

1）自我介绍

"您好，请带好您的贵重物品下车。欢迎光临吉利新能源汽车 4S 店，我是本店的服务顾问 ×××。这是我的名片，您可以叫我 ×××。请问先生 / 女士您贵姓呢？"

2）情况问询

（1）项目情况："××× 先生 / 女士，请问您来 4S 店是做维修还是做保养？"

（2）预约情况："请问您是否有预约？"如果有预约则按照预约安排维修或维护作业，如果没有预约则首先向客户说明预约的好处及预约的方法，然后安排相应的维修、维护作业。

3）登记车辆信息

（1）提醒顾客收好贵重物品并出示保修手册、行驶证、车钥匙。

（2）安装车内防护三件套，包括脚垫、方向盘套和座椅套，粘贴座椅位置标签。

（3）登记车辆信息，包括车牌号和 VIN 码。

2. 环车检查

1）车内检查

（1）检查启动开关、仪表盘、故障灯状态、上电情况，并做相应记录。

（2）记录行驶里程数。

（3）检查空调系统、中控台、方向盘、座椅调节及安全带，并做相应记录。

（4）检查储物槽有无贵重物品遗留，如有遗留则做相应处理。

（5）打开前机舱盖和慢充口盖。

2）检查车辆左前部

（1）检查左前车门、后视镜、翼子板，漆面有无损伤、划痕，并做相应记录。

（2）检查轮胎表面有无划痕、磕伤，气门嘴帽有无丢失，做相应记录。

（3）检查轮胎磨损情况，并做相应记录。

3）检查车辆正前方

（1）检查车顶漆面有无损伤、划痕，并做相应记录。

（2）检查前风窗玻璃有无裂纹、划伤，并做相应记录。

（3）检查前格栅、前保险杠有无划痕、损伤，并做相应记录。

（4）检查前照灯有无损伤、划痕，并做相应记录。

（5）检查近光灯、远光灯及其他灯光，并检查灯光调节功能，做相应记录。

（6）检查快充口开关状态，并做相应记录。

4）前机舱检查

（1）检查高压系统：各线束有无破损、插接件有无松脱，并做相应记录。

（2）检查低压蓄电池电眼及正负极连接情况，并做相应记录。

（3）检查制动液、冷却液、洗涤剂液位，并做相应记录。

5）车辆右前方检查

（1）检查右前车门、后视镜、翼子板，漆面有无损伤、划痕，并做相应记录。

（2）检查轮胎表面有无划痕、磕伤，气门嘴帽是否丢失，并做相应记录。

（3）检查轮胎磨损情况，并做相应记录。

（4）检查右前门储物槽有无贵重物品遗留，如有遗留则做相应处理。

（5）检查座椅调节及安全带，并做相应记录。

6）车辆右后方检查

（1）检查右后车门、翼子板，漆面有无损伤、划痕，并做相应记录。

（2）检查轮胎表面有无划痕、磕伤，气门嘴帽是否丢失，并做相应记录。

（3）检查轮胎磨损情况，并做相应记录。

（4）检查右后门储物槽、右前座椅后背储物袋有无贵重物品遗留，如有遗留则做相应处理。

（5）检查安全带，并做相应记录。

7）检查车辆后部

（1）检查后风窗玻璃、尾灯总成有无裂纹、损伤，并做相应记录。

（2）检查行李箱、后保险杠漆面有无划痕、损伤，并做相应记录。

（3）检查行李箱是否能正常开启关闭，并做相应记录。

（4）检查行李箱有无贵重物品遗留，如有遗留则做相应处理。

（5）检查灭火器、三脚架、随车工具、随车充电线是否齐全，并做相应记录。

8）车辆左后方检查

（1）检查慢充口开关状态是否正常，并做相应记录。

（2）检查左后车门、翼子板，漆面有无损伤、划痕，并做相应记录。

（3）检查轮胎表面有无划痕、磕伤，气门嘴帽是否丢失，并做相应记录。

（4）检查轮胎磨损情况，并做相应记录。

（5）检查左后门储物槽、左前座椅后背储物袋有无贵重物品遗留，如有遗留则做相应处理。

（6）检查安全带，并做相应记录。

9）客户签字

将环车检查单交客户签字确认。

注意：在环车检查的时候可以向客户提供一下选配设备等。

3. 下维修委托单

（1）核对客户信息，包括姓名、联系电话、车牌号等。

（2）核对维护项目，说明预计费用。

（3）核对维修项目，说明预计费用。

（4）说明预计工时及工时费，说明预计总费用。

（5）打印维修委托书并请客户签字。

（6）说明本次维修／维护的预计时长，并与客户约定取车时间。

（7）问询旧件处理方式：带走或环保处理。

（8）交给客户取车凭证和进出门凭证。

（9）如果客户在店等候取车则引导客户至休息区。

4. 维护、维修作业

对维护、维修作业中查明的问题及涉及的维修方式和相关费用向客户进行说明，并请客户在维修委托书上签字。

5. 竣工检查

（1）准备维修委托书、维护手册、行驶证、车钥匙等。

（2）进行竣工检查：所有维护项目是否全部完成，所有维修项目是否全部完成，所有选配设备是否安装，车辆是否清洗，带走的旧件是否已经包好放到行李箱里等。

6. 交车检查

（1）请客户出示取车单。

（2）向客户说明维护、维修情况。

①向客户说明内饰清洁情况，座椅已经调整到初始状态，维护里程已经复位。

②打开机舱盖，说明维护作业情况，包括各种油液的添加及更换等。

③向客户说明维修作业的位置及处理方式。

④向客户说明选配设备的安装位置及使用方法。

⑤打开行李箱，请客户检查行李箱物品及旧件。

7. 结算

（1）请客户核对费用清单。

（2）打印结算单。

（3）请客户在结算单上签字。

（4）引导客户到收银台。

8. 取车

（1）引导客户到取车位置。

（2）与客户预约电话回访时间。

（3）取下车内防护三件套，包括脚垫、方向盘套和座椅套，粘贴座椅位置标签。

（4）提醒下次维护里程数或维护时间，征得客户同意后将维护提示粘贴在风窗玻璃上。

（5）归还维护手册、行驶证和车钥匙等。如果是冬季则提醒客户对车辆及时充电，如果是夏季则提醒客户雨天不要对车辆进行充电。

单元小结

（1）售后服务顾问不仅要具有汽车专业理论知识，良好的职业道德修养，较好的气质仪表，还要用严格的职业礼仪来规范自己的行为。

（2）提问是交流的一大技巧，适当的提问有助于发现和收集客户的信息，促使准确地把握客户的需求，为客户提供更好的服务。

（3）汽车维修的一般服务流程：预约、店面接待、维修作业、竣工检验、结算交车、跟踪回访。近年来，为了提高服务质量，大部分4S店在此基础上增加了客户招揽。

任务工单1.4　新能源汽车维护接待

任务名称	新能源汽车维护接待	学时	4	班级	
学生姓名		学生学号		任务成绩	
实训设备、工具及仪器	多媒体教学设备1套、吉利EV450纯电动汽车4辆	实训场地	理实一体化教室	日期	
客户任务描述	一辆吉利EV450纯电动汽车，进店进行30 000 km维护（设置几个检查点）				
任务目的	能够正确规范地完成客户接待任务，并给客户建立良好的店面形象				

一、资讯

（1）售后服务顾问的着装规范。

（2）售后服务顾问的仪容规范。

（3）售后服务顾问的行为举止规范。

（4）拨打电话的礼仪。

（5）接听电话的礼仪。

（6）画出汽车维修服务的流程。

（7）环车检查的目的：_____。

（8）参照下图完成竣工检查流程。

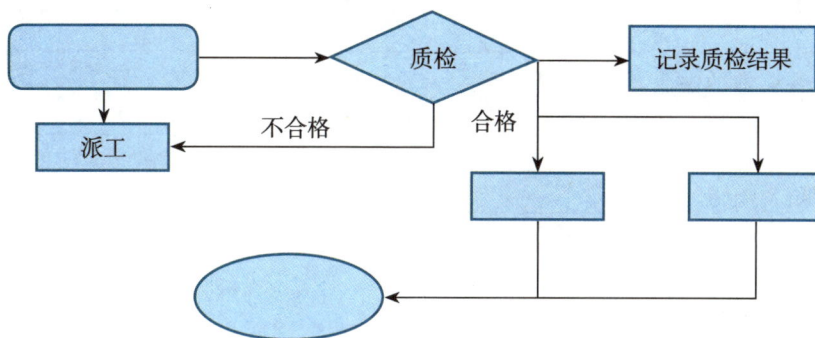

二、计划与决策

请根据任务要求，确定所需要的检测仪器、工具，并对小组成员进行合理分工，制订详细的工作计划。

1. 需要的检测仪器、工具

2. 小组成员分工

3. 计划

三、实施

吉利 EV450 纯电动汽车维护接待

1. 店面接待

自我介绍：_____。

情况问询：_____。

登记车辆信息：_____。

2. 环车检查

车内检查内容：_____。

车内检查情况记录：_____。

车外检查内容：_____。

_____。

车外检查情况记录：_____。

3. 下维修委托单

注意事项：_____

_____。

4. 维修、维护作业

注意事项：_____

5. 竣工检查

竣工检查内容：_____

_____。

6. 交车检查

交车检查内容：_____

_____。

7. 结算

注意事项：_____

_____。

8. 取车

取车时的工作：_____

_____。

四、检查

（1）环车检查时未发现的点：_____

_____。

（2）检查维护指示灯是否复位：_____

_____。

（3）检查有无预约电话回访时间：_____

_____。

（4）检查有无归还维护手册、行驶证和车钥匙：_____

_____。

五、评估

1. 请根据自己任务完成的情况，对自己的工作进行自我评估，并提出改进意见

（1）_____

_____。

（2）_____

_____。

（3）_____

_____。

2. 工单成绩（总分为自我评价、组长评价和教师评价得分值的平均值）

自我评价	组长评价	教师评价	总分

纯电动汽车维护与保养

学习目标

◆ 能正确对纯电动汽车进行充电作业。

◆ 能规范地完成动力电池及充电系统的维护作业。

◆ 能快速规范地完成减速驱动桥油的添加或更换。

◆ 能准确规范地进行制动真空助力系统的检漏作业。

◆ 能正确规范地使用制动液抽吸机完成制动液的更换作业或制动系统排气作业。

◆ 能正确规范地完成制动摩擦片的更换作业。

◆ 能熟练地使用冰点测试仪对冷却液、洗涤液进行冰点测试。

◆ 能正确规范地使用绝缘电阻表（兆欧表）对电动压缩机、快充口等完成绝缘电阻测试。

◆ 能正确规范地对冷却系统进行检漏及更换冷却液作业。

◆ 能根据环保要求，正确处理对环境和人体有害的辅料、废气、废液和损坏的零部件。

动力电池维护与保养

▶ ▶ ▶

任务导入

　　小王在某新能源汽车4S店实习，今天带队师傅告诉他要对某品牌纯电动汽车动力电池进行维护作业，你知道纯电动汽车动力电池维护内容有哪些吗？对其进行维护时有哪些注意事项？

学习目标

　　（1）能快速找到动力电池的安装位置、各标识的位置和插接件位置。
　　（2）能对纯电动汽车充电系统进行检查作业。
　　（3）能对纯电动汽车进行充电作业。
　　（4）能对纯电动汽车动力电池进行维护作业。
　　（5）能正确进行快充口及高压系统的绝缘测试。

理论知识

　　动力电池是纯电动汽车中成本最高的部分，约占整车成本的25%～60%；而目前其使用寿命为3～7年，小于整车的使用寿命（10～15年）。合理的维护，可以最大限度地延长动力电池的使用寿命，从而达到降低汽车使用成本的目的。

2.1.1　纯电动汽车对动力电池的要求

1. 比能量高

为了提高纯电动汽车的续驶里程，要求电动汽车上的动力电池尽可能储存更多的能量，但电动汽车又不能太重，其安装电池的空间也有限，这就要求电池具有高的比能量。

2. 比功率大

为了能使电动汽车在加速行驶、爬坡和负载行驶等方面能与燃油汽车相竞争，就要求电池具有高的比功率。

3. 循环寿命长

循环寿命越长，电池在正常使用周期内支撑电动汽车行驶的里程数就越大，有助于降低车辆在使用周期内的运行成本。

4. 均匀一致性好

对于电动汽车而言，电池组的工作电压大多都要达到数百伏，这就要求电池组由上百节电池串联组成；为达到设计容量要求，有时甚至需要更多电池。某一个单体电池的问题可能会影响整个动力电池组，从而导致电动汽车出现能量损失增加、续驶里程变短等问题。

2.1.2　纯电动汽车的电能补充

纯电动汽车的电能补充可以分为两种模式，即充电模式和换电模式。其中换电又称为机械充电，它通过直接更换已充满电的动力蓄电池来达到电动汽车电能补充的目的。纯电动汽车动力蓄电池放电后，用直流电源连接动力蓄电池，将电能转化为动力蓄电池的化学能，使它恢复工作能力，这个过程称为动力蓄电池充电。动力蓄电池充电时，动力蓄电池正极与充电电源正极相连，动力蓄电池负极与充电电源负极相连，充电电源电压必须高于动力蓄电池的总电动势。

目前，由于换电模式面临着换电站建设成本太高，各个企业的电动车技术标准不同，电池标准千差万别，车企普遍不愿意共享技术标准等问题，发展较慢。

合适的充电方式不仅能够最大限度地发挥电池的容量，而且可以延长电池的使用寿命。电动汽车的充电方式可分为交流充电和直流充电两种：消费者在自家充电一般采用专业公司安装的充电墙盒进行交流充电，在公共停车场或充电站一般采用交流桩进行交流充电或采用直流桩进行直流充电。

1. 交流充电

纯电动汽车交流充电方式以较低的充电电流对电动车进行充电（其充电过程如图 2-1-1 所示），一般充电时间较长，也就是通常说的慢充。交流充电方式的充电装置安装成本比较低，电动汽车家用充电设施（车载充电机）多采用这种充电方式。可以充分利用电力低谷时段进行充电，降低充电成本，提高充电效率，并延长电池的使用寿命。

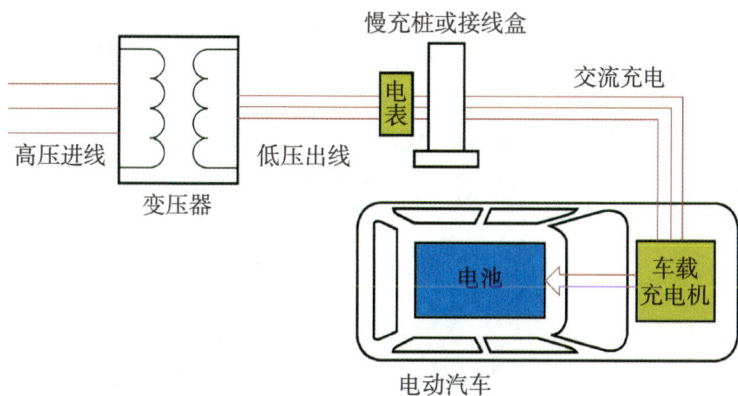

图2-1-1　电动汽车交流充电示意图

2. 直流充电

直流充电方式以较高的充电电流在短时间内为蓄电池充电（其充电过程如图 2-1-2 所示），充电时间短，也就是通常说的快充。直流充电方式的充电装置安装成本相对较高，充电时电能利用率较低，对电池寿命也有一定的影响。

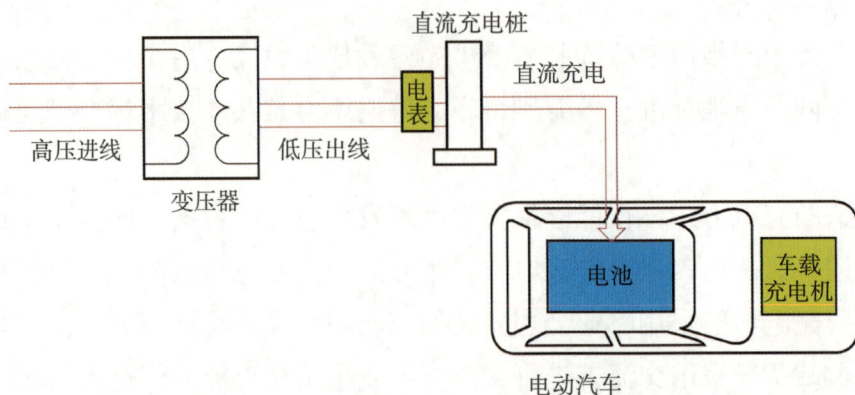

图2-1-2　电动汽车直流充电示意图

2.1.3　吉利EV450纯电动汽车的动力蓄电池及充电系统

1. 吉利 EV450 纯电动汽车的动力蓄电池

动力蓄电池总成安装在车体下部，如图 2-1-3 所示。吉利 EV450 动力蓄电池采用三元锂电池（lithium ion battery）：以钴酸锂、锰酸锂或镍酸锂等化合物为正极，以可嵌入锂离子的碳材料为负极，使用有机电解质。

图2-1-3　吉利EV450动力蓄电池安装位置

动力蓄电池的组成部件包括各模组总成、CSC 采集系统、电池控制单元（BMU）、电池高压分配单元（B-BOX）等。

1）电池单体（Cell）

电池单体是直接将化学能转化为电能的基本单元装置，包括电极、隔膜、电解质外壳和端子，并被设计成可充电的形式。

2）电池模组（Module）

电池模组是将一个以上电池单体按照串联、并联或串并联方式组合，且只有一对正负极输出端子并作为电源使用的组合体。

3）CSC 采集系统

每一个电池单元有多个 CSC 采集系统，以监测其中每个电池单体或电池组单体的电压、温度信息。CSC 采集系统将相关信息上报电池控制单元（BMU）并根据 BMU 的指令执行单体电压均衡。

4）电池控制单元（BMU）

BMU 安装于动力蓄电池总成内部，是电池管理系统的核心部件，电池控制单元（BMU）将单体电压、电流、温度及整车高压绝缘等信息上报整车控制器（VCU）并根据 VCU 的指令完成对动力蓄电池的控制。

5）电池高压分配单元（B-BOX）

B-BOX 安装在动力蓄电池总成的正负极输出端，由高压正极继电器、高压负极继电器、预充继电器、电流传感器和预充电阻等组成。

6）直流母线

直流母线位于前副车架上部，在高压零部件检查和维护前，断开直流母线可以确保切断高压。具体方法：断开 12 V 蓄电池正、负电缆，等待 5 min 后，举升车辆拔下直流母线连接充电机端插件。

2. 吉利 EV450 的充电系统

充电系统从功能上分为快充、慢充、低压充电、制动能量回收四项。

1）快充（直流高压充电）

当直流充电设备接口连接到整车直流充电口，直流充电设备发送充电唤醒信号给 BMS 时，BMS 根据动力蓄电池的可充电功率，向直流充电设备发送充电电流指令。同时，BMS 吸合系统高压正极继电器和高压负极继电器，动力电池开始充电。充电时间：48 min 可充电 80%。直流充电流量传递路线如图 2-1-4 所示。

图2-1-4 直流充电流量传递路线

2）慢充（交流高压充电）

当车辆处于交流充电模式下，车载充电机检测交流充电接口的 CC、CP 信号（充电枪插入、导通信号），并唤醒 BMS，BMS 唤醒车载充电机并发送指令充电，同时闭合主继电器，动力蓄电池开始充电。充电时间：预估 13～14 h 可充满。交流充电流量传递路线如图 2-1-5 所示。

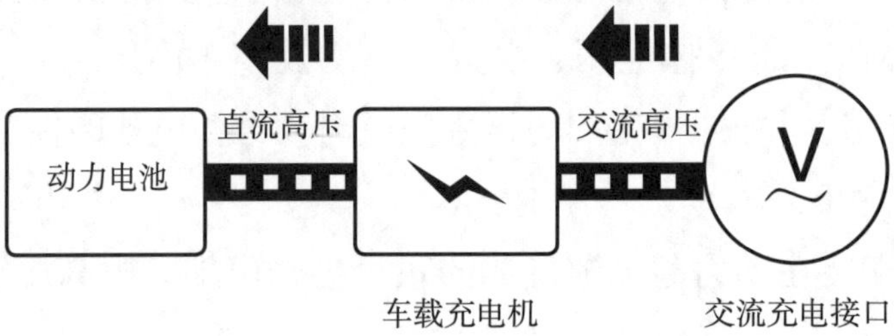

图2-1-5 交流充电流量传递路线

3）低压充电

高压上电前，低压电路系统依赖 12 V 铅酸蓄电池供电，当高压上电后电机控制器内部的 DC/DC 转换器将动力蓄电池的高压直流电转换成低压直流电（14 V 左右）为 12 V 铅酸蓄电池充电，如图 2-1-6 所示。

图2-1-6 低压充电流量传递路线

4）制动能量回收

能量回收是指在车辆滑行或制动过程中，驱动电机从驱动状态转变成发电状态，将车辆的动能转换为电能并储存在动力蓄电池中。

车辆在滑行或制动时，VCU 根据当前动力蓄电池状态和制动踏板位置信号计算能量回收扭矩并发送指令给电机控制器，启动能量回收。制动能量回收传递路线与能量消耗相反，如图 2-1-7 所示。

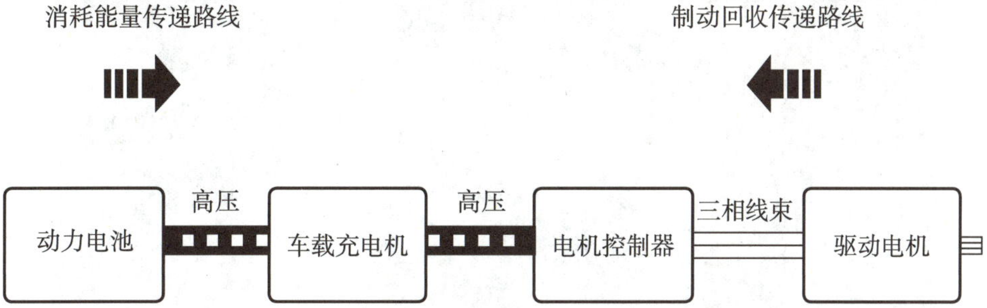

消耗能量传递路线　　　　　　　　　　制动回收传递路线

图2-1-7　制动能量回收流量传递路线

拓展阅读

2.1.4　纯电动汽车的换电模式

纯电动汽车的换电模式是指当纯电动汽车电池电量不足时直接更换已经充满电的电池，达到快速补充电能的目的。

1. 换电模式存在的问题

（1）换电站建设成本太高。

（2）各个企业的电动汽车技术标准不同，电池标准也千差万别。

（3）车企普遍不愿意共享技术标准。

2. 换电模式的优点

1）电能补充快

以天津海泰综合充换电站为例，一般给一辆电动公交车进行换电操作只需 12 min 就可以完成，与给内燃机汽车加油所需的时间基本相同。图 2-1-8

为一辆电动出租车在纯电动汽车充换电站进行换电操作，整个换电过程在5 min左右。可见，换电操作节省了大量的充电等待时间，大大提高了客户使用的方便性。

图2-1-8　电动出租车在充换电站进行换电

2）提高电池的使用寿命，降低使用成本

换电站给动力电池充电的过程同时也是对动力电池的维护过程，这对提高动力电池的寿命是非常有利的。同时，换电模式还减少了动力电池进行快速充电的次数，这也提高了电池的使用寿命。由于电动汽车的成本中动力电池占了相当大的比例，提高电池的使用寿命就意味着降低了电动汽车的使用成本。

3）解决了充电难问题

目前，充电桩的数量远远不能满足电动汽车的充电需求，是电动汽车发展的一大制约条件。换电模式由于更换电池需要的时间短，因此可以短时间内满足电动汽车补充电能的需求。如果换电站的数量达到一定规模，电动汽车续驶里程短的缺陷可能得到解决。

🚗 实践技能

动力电池是纯电动汽车的储能元件，若受碰撞、挤压则可能导致动力电池损坏甚至造成事故；汽车的运行振动环境可能会导致电池紧固件松脱、线束磨损，使其可靠性降低甚至引发危险。因此，对动力电池及充电系统的维护，首先要从安全入手，保证其在使用过程中的安全性。

在对动力电池及充电系统维护时，部分作业需要带高压作业，因此要做好个人及车间防护工作，作业时要注意规范性。

2.1.5　吉利EV450纯电动汽车充电系统维护

1. 检查充电接口

检查各充电口处是否有异物、烧蚀等情况。

交流充电口安装在车身左前翼子板上，直流充电口安装在车身左后侧。充电时，根据选择的充电类型，连接交流充电插头或者直流充电插头到相应的充电插座，连接正确后开始充电。充电口连接后形成检测回路，当出现连接故障时，系统可以检测该故障。

2. 检查充电指示灯

检查车辆能否正常充电及充电时仪表显示是否正常。充电指示灯位于车辆充电接口上方，用于指示不同的充电状态。任意电源挡位，当BCM收到BMS的充电状态信息时，驱动充电指示灯工作，显示充电状态。充电指示灯状态显示定义如表 2-1-1 所示。

表 2-1-1　充电指示灯状态

颜色	状态	说明
白色	常亮 2 分钟	充电照明
黄色	常亮 2 分钟	充电加热
绿色	闪烁 2 分钟	充电过程
蓝色	常亮 2 分钟	预热充电
绿色	常亮 2 分钟	充电完成
红色	常亮 2 分钟	充电故障
蓝色	闪烁 2 分钟	放电过程

上述显示信号中"正在充电"状态显示为即时显示，"充电完成、充电故障"显示为延时关闭，即收到相应的状态信号时显示相应的状态 15 分钟后自动熄灭，若充电状态变化（如由"充电故障"变为"正在充电"状态）则立即切换为相应的状态。

3. 检查充电口照明灯

充电照明灯为白色，直接由 BCM 控制，如图 2-1-9 所示。

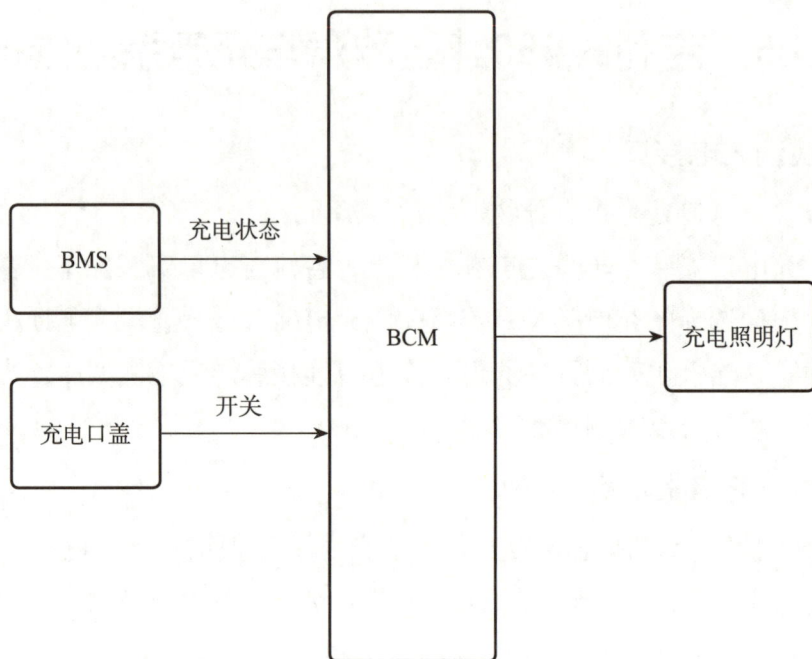

图2-1-9　充电口照明灯控制逻辑

充电口照明灯控制逻辑：

（1）当高压电池处于未充电的状态时，充电口盖打开，BCM 立即驱动充电照明灯工作 3 分钟，工作期间检测到充电枪插入 3 秒后停止驱动或充电口盖关闭，则立即停止驱动充电口照明灯。

（2）当充电口盖为打开状态时，车门状态由关闭变为打开状态，BCM 立即驱动充电口照明灯工作 3 分钟，工作期间当高压电池转变为充电状态 3 秒后停止驱动或充电口盖关闭，则立即停止驱动充电口照明灯。

（3）OFF 挡时，若充电口盖为打开状态，BCM 接收到 PEPS 发送的解锁信息则立即驱动充电口照明灯工作 3 分钟，工作期间如收到车辆上锁信息或充电口盖变为关闭状态，则立即驱动充电口照明灯熄灭。

（4）OFF 挡时，若充电口盖为打开状态，BCM 接收到 PEPS 发送的遥控寻车信息，则立即驱动充电口照明灯工作 3 分钟，工作期间如收到车辆上锁信息延迟 3 秒后熄灭或充电口盖变为关闭状态，则立即驱动充电口照明灯熄灭。

（5）任意情况下，充电口盖关闭或车速大于 2 km/h，则立即停止驱动充电口照明灯。

2.1.6　吉利EV450动力蓄电池系统维护

1. 外观检查

检查动力蓄电池托盘有无变形 / 磕碰、防撞梁有无损坏、动力蓄电池高低压连接器清洁度 / 腐蚀 / 破损 / 紧固情况。

动力电池铭牌信息：标称电压为 346 V；电池容量为 150 Ah。

2. 紧固检查

检查动力蓄电池总成固定螺栓是否锈蚀及其紧固情况、接地线束紧固情况。动力蓄电池固定螺栓紧固力矩为 78 N·m。动力蓄电池接地线紧固情况：①力矩为 9 N·m；②接地电阻的实测值为 0 Ω，标准值小于等于 0.1 Ω。

3. 动力蓄电池总成拆卸

准备更换动力蓄电池前应关闭点火开关，拆下低压蓄电池负极连接线与高压母线插头，车辆举升到合适高度时举升机要锁止安全锁。电池移动举升平台上升接触到动力蓄电池底部再进行拆卸工作。

（1）关闭启动开关、打开机舱。

（2）断开蓄电池负极接线柱，如图 2-1-10 所示。

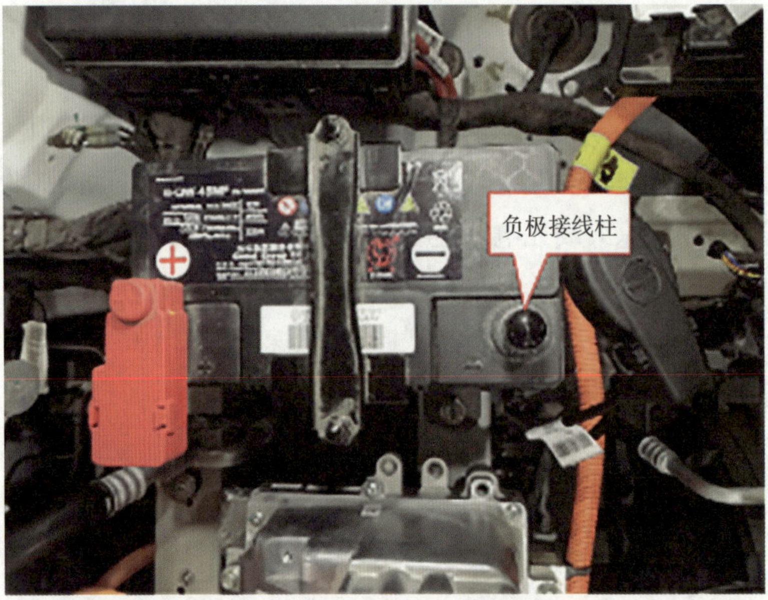

图 2-1-10　蓄电池负极接线柱

（3）断开直流高压母线。

①向上推动直流母线插头保险卡扣，如图 2-1-11 所示。

图2-1-11　直流母线插头保险卡扣正确方向

②拆卸直流母线连接充电机端插件，如图 2-1-12 所示。

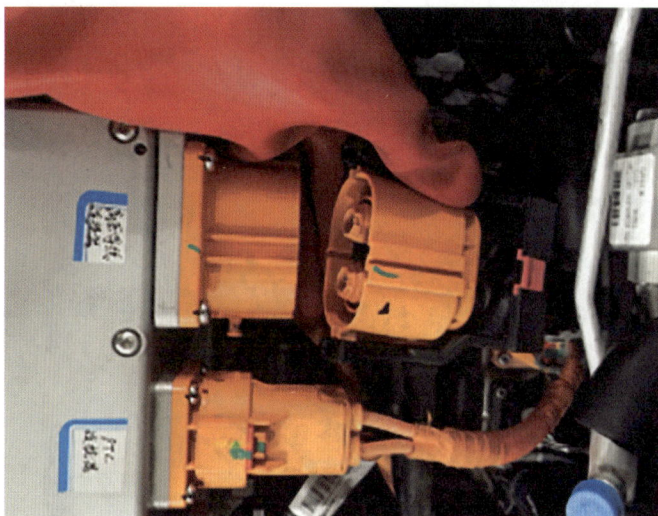

图2-1-12　直流母线连接充电机端插件

（4）支撑动力蓄电池总成。

①将车辆用举升机升起。

②置入平台车，使用平台支撑动力蓄电池总成。

（5）拆卸动力蓄电池总成。

①断开动力蓄电池出水管与水泵（电池）的连接，如图 2-1-13 所示。

②断开动力蓄电池进水管与电池膨胀壶的连接，如图 2-1-13 所示。

备注：已提前将电池冷却液排出。

图2-1-13　动力蓄电池进、出水管与膨胀壶和水泵的连接

③断开动力蓄电池的 2 个高压线束连接器②，如图 2-1-14 所示。

④断开动力蓄电池与前机舱线束的 2 个低压线束连接器①，如图 2-1-14 所示。

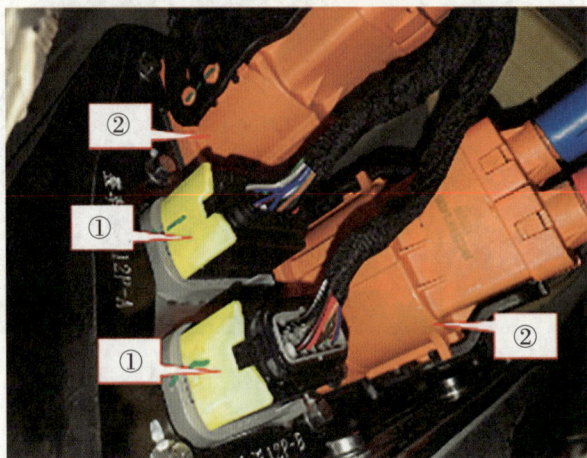

①—动力蓄电池高压线束的连接器；②—动力蓄电池与前机舱线束连接器。

图2-1-14 连接器

⑤拆卸动力蓄电池搭铁线固定螺栓，如图 2-1-15 所示。

图2-1-15 动力蓄电池搭铁线固定螺栓

⑥拆卸动力蓄电池防撞梁 4 个固定螺栓，如图 2-1-16 所示。

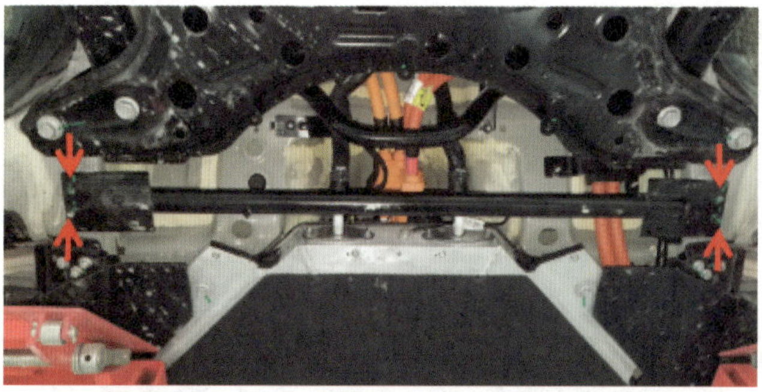

图2-1-16　动力蓄电池防撞梁固定螺栓

⑦拆卸动力蓄电池总成后部 3 个固定螺栓，如图 2-1-17 所示。

图2-1-17　动力蓄电池总成后部固定螺栓

⑧拆卸动力蓄电池总成前部 2 个固定螺栓，如图 2-1-18 所示。

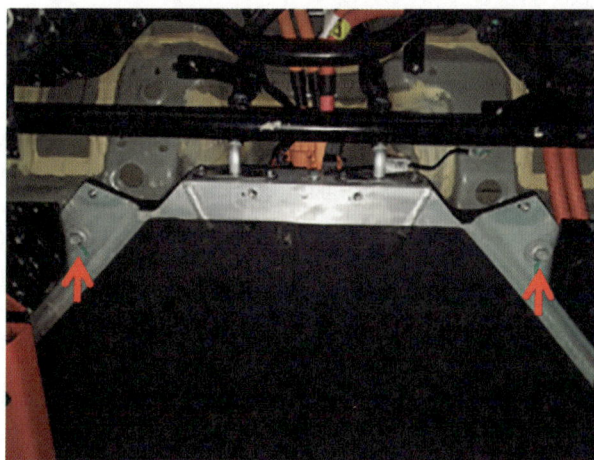

图2-1-18　动力蓄电池总成前部固定螺栓

⑨拆卸动力蓄电池总成左右各 7 个固定螺栓，如图 2-1-19 所示。

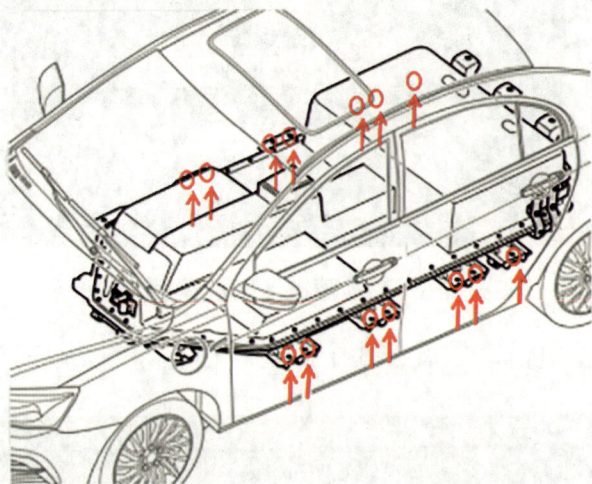

图2-1-19　动力蓄电池总成左右固定螺栓

⑩缓慢下降平台车取出动力蓄电池总成。

注意：动力蓄电池下降过程中平台车缓慢向前移动，可以避免动力蓄电池与后悬架的干涉。

4. 动力蓄电池总成安装

（1）安装动力蓄电池总成。

①缓慢举升平台车，调整平台车位置，使动力蓄电池总成上的安装孔与车身对齐。

注意：动力蓄电池上升过程中将举升平台缓慢向后移动，可以避免动力蓄电池与车身的干涉。

②安装并紧固动力蓄电池总成后部 3 个固定螺栓，力矩为 78 N·m。

③安装并紧固动力蓄电池总成前部 2 个固定螺栓，力矩为 78 N·m。

④安装并紧固动力蓄电池总成左右各 7 个固定螺栓，力矩为 78 N·m。

⑤连接动力蓄电池与前机舱线束的 2 个线束连接器。

⑥连接动力蓄电池的 2 个高压线束连接器。

注意：插接时注意"一插、二响、三确认"。

⑦安装动力蓄电池搭铁线固定螺栓，力矩为 9 N·m。

⑧连接动力蓄电池出水管与水泵（电池）。

⑨连接动力蓄电池进水管与电池膨胀壶。

（2）连接直流母线并连接充电机端插件。

（3）连接蓄电池负极接线柱。

（4）加入电池冷却液，进行规范排气操作。

（5）关闭机舱盖。

单元小结

（1）吉利 EV450 纯电动汽车电能补充方式有充电与换电两种，其中充电又可以分为快充与慢充两种。

（2）吉利 EV450 纯电动汽车充电系统的主要维护内容：检查充电口、检查充电指示灯、检查充电口照明灯。

（3）吉利 EV450 动力电池的主要维护内容：外观检查、紧固检查、动力蓄电池总成拆卸、动力蓄电池总成安装等。

任务工单2.1 动力电池维护与保养

任务名称	动力电池维护与保养	学时	4	班级	
学生姓名		学生学号		任务成绩	
实训设备、工具及仪器	多媒体教学设备1套，吉利EV450纯电动汽车4辆，北汽解码仪4套，车间安全用具4套，个人安全防护用具8套，兆欧表4块，红外测温仪4台	实训场地	理实一体化教室	日期	
客户任务描述	一辆吉利EV450纯电动汽车，距离下次维护还有200 km，现在要进行动力电池维护				
任务目的	能够正确、规范地对纯电动汽车充电系统、动力电池系统进行维护作业				

一、资讯

（1）纯电动汽车对动力电池的要求有_____、_____、_____、_____。

（2）纯电动汽车的电能补充模式有_____、_____。

（3）吉利EV450纯电动汽车的动力电池主要由两大部分组成，即_____、____。

（4）吉利EV450纯电动汽车的低压蓄电池充电系统通过_____给蓄电池充电或给低压用电设备供电。

二、计划与决策

请根据任务要求，确定所需要的检测仪器、工具，并对小组成员进行合理分工，制订详细的工作计划。

1.需要的检测仪器、工具

2.小组成员分工

3.计划

三、实施

1.吉利 EV450 纯电动汽车的充电系统维护

2.吉利 EV450 纯电动汽车动力电池维护

1）外观检查

2）紧固检查

3）动力蓄电池总成拆卸

4）动力蓄电池总成安装

四、检查

（1）在对吉利 EV450 纯电动汽车充电系统进行维护的过程中，操作不规范的地方有_____。

（2）在对吉利 EV450 纯电动汽车动力电池维护的过程中，操作不规范的地方有_____
_____。

（3）进行慢充操作，仪表盘显示为_____
打开机舱盖，车载充电机指示灯状态为_____。
（4）测量电池箱端低压插接件端子 P 和端子 R 间的电阻，数值为_____。
（5）进行上电操作，检查能否正常上电：_____。

五、评估

1.请根据自己任务完成的情况，对自己的工作进行自我评估，并提出改进意见

（1）_____
_____

（2）_____
_____

（3）_____
_____

2. 工单成绩（总分为自我评价、组长评价和教师评价得分值的平均值）

自我评价	组长评价	教师评价	总分

学习心得

_____

_____

_____

_____

_____

_____

_____

_____

_____

_____

_____

_____

_____

_____

_____

_____

_____

驱动及冷却系统维护与保养

▶▶▶▶

任务导入

小王在某新能源汽车 4S 店实习，今天带队师傅告诉他要对某品牌纯电动汽车驱动系统进行维护作业，你知道纯电动汽车驱动系统的维护内容有哪些吗？对其进行维护时有什么注意事项？

学习目标

（1）能快速找到驱动系统各零部件的安装位置、高低压线束及插接件的位置。

（2）能正确对电机控制器进行维护。

（3）能正确地对减速驱动桥进行换油作业。

（4）能正确更换或添加冷却液。

（5）能正确对冷却液进行冰点测试。

理论知识

2.2.1 纯电动汽车驱动系统

1.纯电动汽车驱动系统组成及工作原理

纯电动汽车驱动系统（图 2-2-1）主要由电控单元、驱动电机、电动机逆变器、各种传感器（加速踏板位置传感器、制动踏板开关、电机温度传感器等）、机械传动装置（变速器和差速器）和车轮等组成。

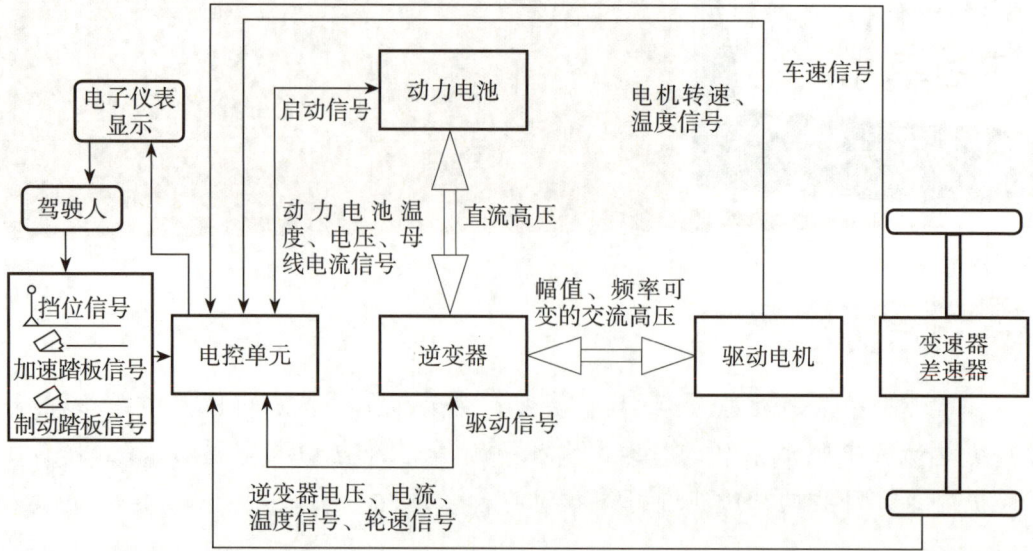

图2-2-1　纯电动汽车驱动系统原理图

　　驱动系统能够将动力电池输出的电能转换为车轮上的机械能，驱动电动汽车行驶，并能够在汽车减速制动时，将车轮的动能转化为电能充入动力电池，是电动汽车的关键组成部分。它以驾驶人的操作（主要是以加速踏板位置的操作）为输入，经过驱动系统电控的计算后，将输出转矩给定值提供给电机逆变器，最终电机逆变器根据这个给定值控制驱动电机输入功率（电流、电压），从而使电动汽车以驾驶人预期的状态行驶。

2. 纯电动汽车驱动系统的分类

　　根据驱动电机的不同，纯电动汽车驱动系统主要可以分为四大类，其特点和主要应用场合见表 2-2-1。

表 2-2-1　纯电动汽车驱动系统分类、特点和主要应用场合

名称	电机类型	优点	缺点	应用场合
直流电机驱动系统	直流电机	速度控制简单、成本低；启动转矩和制动转矩大，易于快速启动和停止；调速范围广、调速方便	重量大、体积大、可靠性差，需要定期维护；由于电刷、换向器等磨损使得效率较低	城市无轨电车

续表

名称	电机类型	优点	缺点	应用场合
感应电机驱动系统	感应电机	结构简单、坚固、成本低；免维护、工作性能稳定、可靠性好，使用寿命长；较直流电动机效率高、体积小、质量轻；转矩脉动小、噪声小、转速极限高、响应快；可采用空气冷却或液体冷却方式,冷却速度高；对环境的适应性好，并能实现再生反馈制动	逆变器结构复杂，且容易损坏；驱动电路复杂，成本高	特斯拉
永磁无刷电机系统	永磁电机	体积小，调频范围宽、功率密度和效率高、惯性小、响应快	价格高，同时大功率的永磁电机很难做到体积小、质量轻	北汽EV
开关磁阻电机驱动系统	开关磁阻电机	结构简单,使用安全可靠；低速转矩大、启动转矩高、启动电流小；转子无绕组、工作效率高、调频范围宽	开关磁阻电机有严重的转矩脉动，使电机的振动高和噪声大、非线性严重，逆变器复杂、价格高	景区观光车

2.2.2　吉利EV450纯电动汽车驱动系统

吉利 EV450 驱动系统主要由驱动电机、电机控制器、减速器等部件组成，搭载的永磁同步电机最大功率为 120 kW，最大扭矩为 250 N·m，电池容量为 52 kW·h，工信部测得的纯电续航里程为 450 km。

减速器介于驱动电机和驱动半轴之间，驱动电机的动力输出轴通过花键直接与减速器输入轴齿轮连接。一方面减速器将驱动电机的动力传给驱动半轴，起到降低转速增大扭矩的作用，另一方面汽车转弯及在不平路面上行驶时，左右驱动轮以不同的转速旋转，保证车辆的平稳运行。动力传送路线如图 2-2-2 所示。

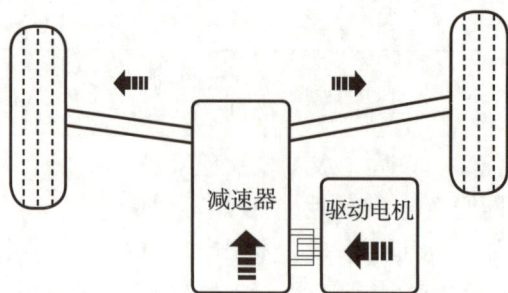

图2-2-2　驱动电机动力传送路线图

1. 驱动电机总成

吉利 EV450 采用永磁同步电机，是动力系统的重要执行机构，是电能与机械能转化的部件，且自身的运行状态等信息可以被采集到驱动电机控制器。其基本参数见表 2-2-2。

表 2-2-2　吉利 EV450 驱动电机基本参数

类型	电机旋转方向	温度传感器类型	温度传感器型号	性能参数			冷却液类型	冷却液流量要求（L/min）
				额定／峰值功率（kW）	额定／峰值转矩(Nm)	额定／峰值转速（r/min）		
永磁同步电机	从轴伸端看电机逆时针旋转	NTC	SEMITEC 13-C310	42/120	105/250	4200/12000	乙二醇型防冻液，冰点≤40℃	8

驱动电机由前端盖、后端盖、定子壳体总成、转子总成、轴承和低压插接件组成，其内部结构如图 2-2-3 所示，三相交流电被接入定子线圈，即产生了旋转的磁场，这个旋转的磁场牵引转子内部的永磁体，产生和旋转磁场同步的旋转扭矩。

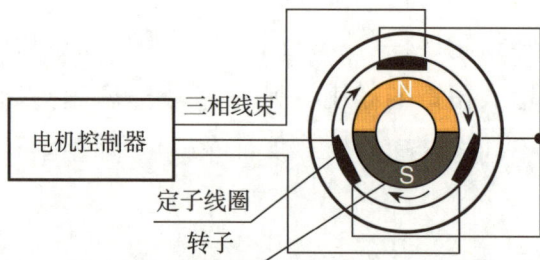

图2-2-3　吉利EV450驱动电机内部简图

使用旋转变压器检测转子的位置和电流传感器检测线圈的电流，从而控制驱动电机的扭矩输出。旋变信号的作用是反映驱动电机转子当前的旋转相位，电机控制器再通过旋变信号计算当前的驱动电机转速。吉利 EV450 旋转变压器采用磁阻式旋转变压器。驱动电机如图 2-2-4 所示，旋变转子与驱动电机转子同轴连接，随电机转轴旋转。

图2-2-4　驱动电机

2. 电机控制器总成

1）结构

电机控制器内部包含 1 个 DC/AC 逆变器和 1 个 DC/DC 直流转换器，逆变器由 IGBT、直流母线电容、驱动和控制电路板等组成，实现直流（可变的电压、电流）与交流（可变的电压、电流、频率）之间的转变。直流转换器由高低压功率器件、变压器、电感、驱动和控制电路板等组成，实现直流高压向直流低压的能量传递。电机控制器还包含冷却器（通冷却液），用于给电子功率器件散热，如图 2-2-5 所示。

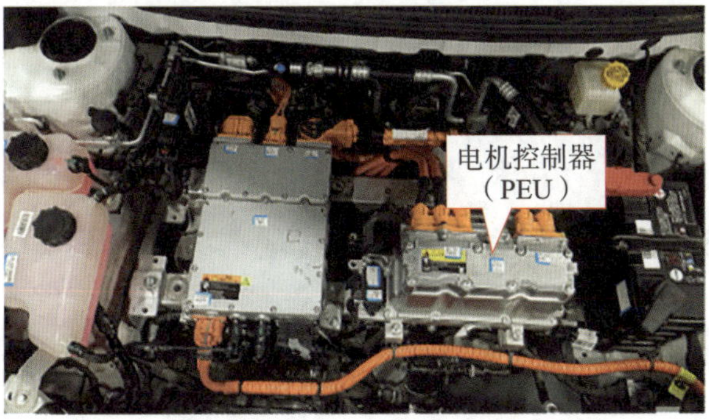

电机控制器（PEU）

图2-2-5　电机控制器

2）原理

电机控制器安装在前舱内，采用 CAN 通信控制，控制着动力蓄电池组到电机之间能量的传输，同时采集电机位置信号和三相电流检测信号，精确地控制驱动电机运行。

电机控制器是一个既能将动力蓄电池中的直流电转换为交流电，也能将车轮旋转的动能转换为电能（交流电转换为直流电）给动力蓄电池充电的设备。车辆制动或滑行阶段，电机作为发电机应用。它可以完成由车轮旋转的动能到电能的转换，给电池充电，如图 2-2-6 所示。

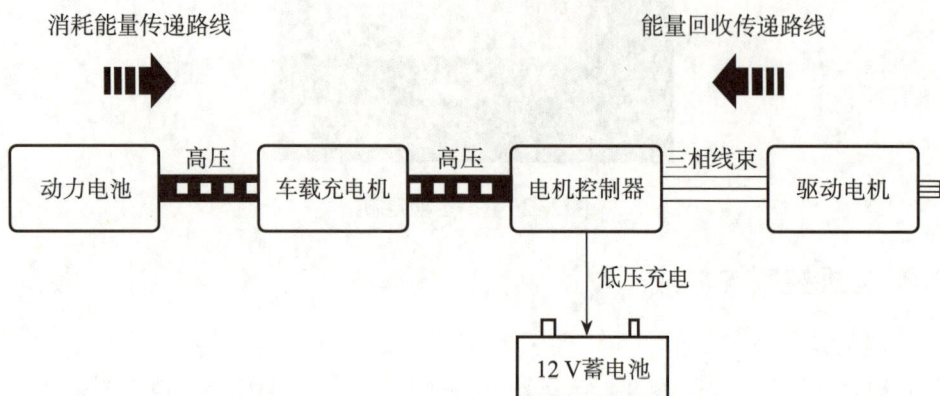

图2-2-6　吉利EV450能量消耗/回收传递路线

2. 电机控制器总成

DC/DC 集成在电机控制器内部，其功能是将电池的高压电转换为低压电，提供整车低压系统供电。

3. 减速器总成

吉利 EV450 采用单速比减速器，只有一个前进挡、一个倒车挡、一个空挡和一个驻车挡。当车辆处在驻车挡时减速器会通过一套锁止装置锁止减速器。减速器介于驱动电机和驱动半轴之间，驱动电机的动力输出轴通过花键直接与减速器输入轴齿轮连接。其基本参数见表 2-2-3，其结构见图 2-2-7。

表 2-2-3　吉利 EV450 减速器基本参数

减速器油牌号	减速器油量 / L	润滑方式	性能参数			减速器速比
			效率	扭矩容量 / （N·m）	转速范围 / （r/min）	
Dexron IV	1.7 ± 0.1	飞溅润滑	> 95%	300	≤ 14 000	8.28：1

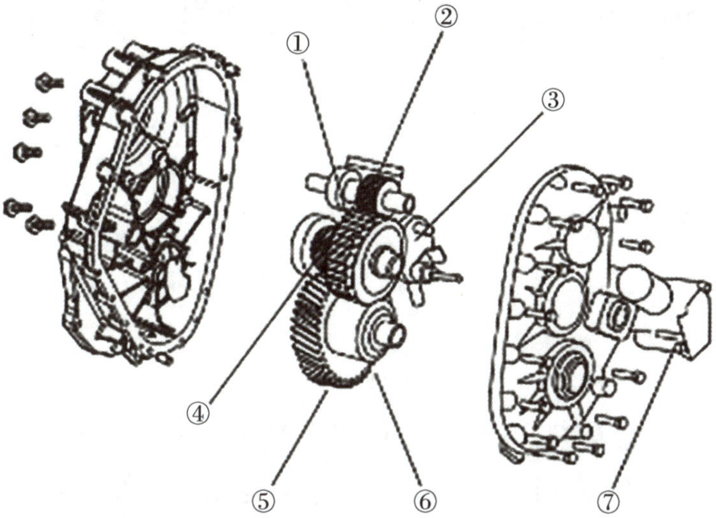

①—中间轴输入齿轮；②—输入轴齿轮；③—驻车棘爪；
④—中间轴输出齿轮；⑤—输出轴齿轮；⑥—差速器；⑦—驻车电机。

图2-2-7　吉利EV450减速器内部结构图

实践技能

2.2.3　吉利EV450纯电动汽车驱动系统的维护

1. 电机控制器的维护

注意：在进行以下作业前要先对车辆高压下电。

（1）检查各冷却水管是否老化、堵塞。

（2）检查高压插接件是否插接牢靠。

（3）对电机控制器进行表面清洁。

2. 驱动电机的维护

1）日常维护

驱动电机的日常保养包括清洁紧固、检查、补充。

（1）清洁：把电机表面、电机线缆等处的污垢清理干净。

（2）紧固：紧固电机的固定螺栓，紧固电机的附件线束等。

（3）检查：检查电机表面是否有破裂、破损及锈蚀，检查线束是否有断路和短路等故障。

（4）补充：电机的冷却需要冷却液，应定期补充添加冷却液。

2）定期维护

驱动电机的定期维护包括安全防护、绝缘检查、电机冷却系统检查和外部检查。

（1）安全防护。

目的：检查外观有无磕碰、损坏。

方法：将车辆举升，目测驱动电机底部有无磕碰、划伤、损坏的现象，如图 2-2-8 所示。目测线束插头有无破损、老化的现象，如图 2-2-9 所示。

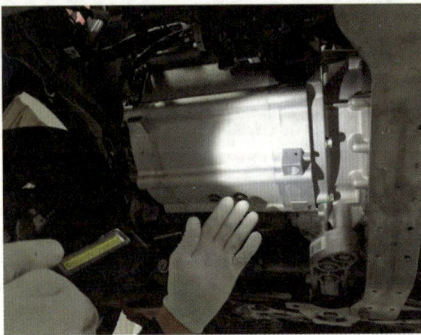

图2-2-8　目测驱动电机底部

图2-2-9　目测线束插头

（2）绝缘检查。

目的：防止驱动电机短路。

方法：将驱动电机 U/V/W 拆开，检测三相电绕组对地绝缘电阻，用绝缘测试仪检测，阻值应大于或等于 20 MΩ。

（3）电机与电机控制器冷却检查。

目的：检查电机与电机控制器冷却液循环制冷效果。

方法：捏紧冷却液管使其水道内部阻力增大，使冷却液泵转速变小、声音发生变化，如无声音变化则水道内冷却液没有循环，需放气。工具为卡环钳、螺丝刀。

（4）外部检查。

目的：清洁电机及电机控制器表面。

方法：用压缩空气吹驱动电机及电机控制器，禁止使用潮湿的布和高压水枪进行清洁。工具为空气压缩机。

3. 减速器的维护

（1）检查减速器是否漏油，对于非换油作业而举升车辆时，也应检查减速器是否漏油。

（2）减速器润滑油位检查。

①举升车辆。

②检查减速器润滑油位。

③将车辆水平放置，并让减速器内部的润滑油冷却，拆卸加注孔塞并检查油位。加注孔塞位置如图 2-2-10 所示。

图2-2-10　吉利EV450减速器加注孔塞位置

④减速器润滑油面应该与加注孔下缘齐平。

注意：如果液面过低，通过加注孔塞添加专用的减速器润滑油，直到油液开始流出。

⑤重新安装并紧固加注孔螺塞。力矩为 19 ～ 30 N·m。

（3）减速器润滑油的加注和更换。

注意：加注减速器润滑油时，车辆应停放在水平路面上。

①举升车辆。

②拆卸机舱底部护板总成。

③拆卸减速器加油螺塞，如图 2-2-11 中①所示。

④拆卸减速器放油螺塞，如图 2-2-11 中②所示，用回收容器接收放出的减速器润滑油。

⑤安装减速器放油螺塞，力矩为 19 ～ 30 N·m。

⑥向加油螺塞添加专用的减速器润滑油，直到油液开始流出，参考用量为 1.7 ± 0.1L。

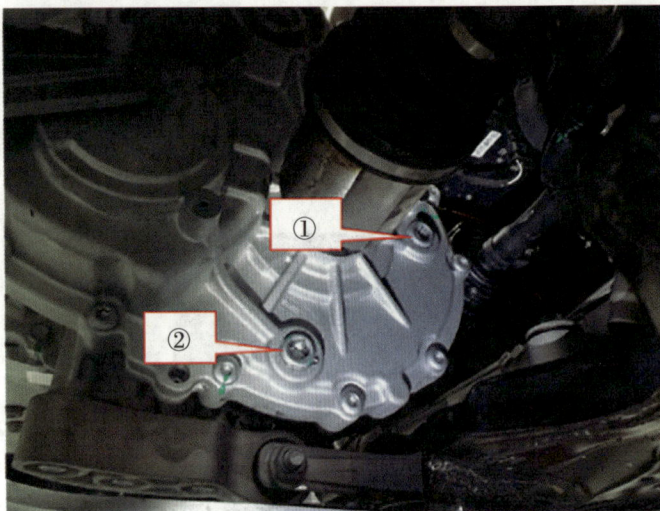

扫一扫

更换减速器润滑油

①—减速器加油螺塞；②—减速器放油螺塞。

图2-2-11 吉利EV450减速器加油/放油螺塞位置

⑦重新安装并紧固加油螺塞，力矩为 19 ～ 30 N·m。

（4）安装机舱底部护板总成。

（5）放下车辆。

2.2.4　吉利EV450纯电动汽车冷却系统的维护

冷却系统的作用就是通过冷却液循环散热为驱动电机、车载充电机（如配备）、电机控制器、动力电池等部件散热。冷却系统（电机/电池）有两个电动水泵，电动水泵由低压电路驱动，为冷却液的循环提供压力。在电动水泵的驱动下冷却液在管路中的流向如图 2-2-12 所示。

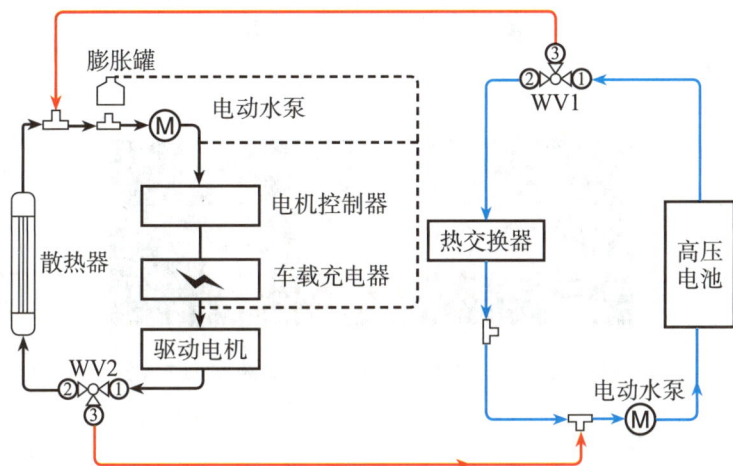

图2-2-12　吉利EV450冷却液在管路中的流向

驱动电机转子高速旋转会产生高温，热量通过机体传递，如果不降温，驱动电机将无法正常工作，所以驱动电机机体内设置有冷却液通道，通过冷却液的循环与外界进行热交换。这样能将驱动电机的工作温度保持在一定范围内，防止驱动电机过热。

车载充电机（如配备）工作时将高压交流电转化为高压直流电，其转化过程中会产生大量的热量，因此车载充电机内部也有冷却液道，通过冷却液的循环降低车载充电机的工作温度。

电机控制器不但控制驱动电机的高压三相供电，还要将动力电池的高压直流电转化为低压直流电为铅酸蓄电池充电。在此过程中会产生热量，需要通过冷却液循环散热。

高压电池工作电流大，产热量大，同时电池包处于一个相对封闭的环境，就会导致电池的温度上升。通过冷却液的循环降低动力电池的工作温度。

1. 冷却液检查（电池）

（1）查看储液罐液面，液面位置应保持在 F 和 L 之间，如图 2-2-13 所示。

（2）拧开加注口盖，查看冷却液颜色是否浑浊，冰点是否符合要求。

注意：缓慢旋开加注口盖，散热（水温高）时切勿揭开，以免烫伤；如果冷却液不在规定范围内，应该添加，如果冷却液颜色浑浊或冰点不符合要求，则应更换。

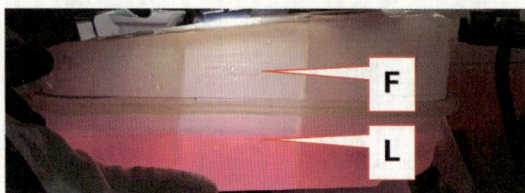

扫一扫

冰点测试

图2-2-13　电机（电池）冷却液膨胀水箱

2. 冷却液更换（电池）

（1）更换冷却液。

①打开冷却液膨胀罐总成盖，如图 2-2-14 所示。

图2-2-14　吉利EV450冷却液（电池）膨胀水箱

②断开散热器出水管，用回收容器接收流出的冷却液，如图 2-2-15 所示。

图2-2-15　吉利EV450散热器出水管

注意：集中回收处理动力电池冷却液，将高压电池冷却液排入下水管道，以保护环境。

（2）加注冷却液。

①连接散热器出水管。

②管路检查：确保冷却管路连接完整。

③静态加注：将车辆启动至 ON 挡且非充电状态，连接诊断仪，选择吉利 EV450 车型→空调控制器（AC）→特殊功能，选择加注初始化，车辆处于加注初始化状态。

④拧开膨胀罐盖，缓慢加注冷却液，直至膨胀罐内冷却液量达到 80% 左右，且液位不再下降。

注意：动力蓄电池的冷却液须选用冰点不超过 — 40°C 的冷却液。

⑤系统排气：控制诊断仪，使车辆处于排气状态，如果液位下降及时补充冷却液，排气过程时长不小于十分钟。

⑥观察膨胀罐内冷却液下降情况，及时补充冷却液，保持冷却液液位处于 MAX 线和 MIN 线之间。

⑦加注完成：拧紧膨胀罐盖，控制诊断仪，使车辆恢复默认模式。

3. 冷却液检查（暖风）

（1）查看储液罐液面，液面位置应该保持在 MAX 和 MIN 之间，如图 2-2-16 所示。

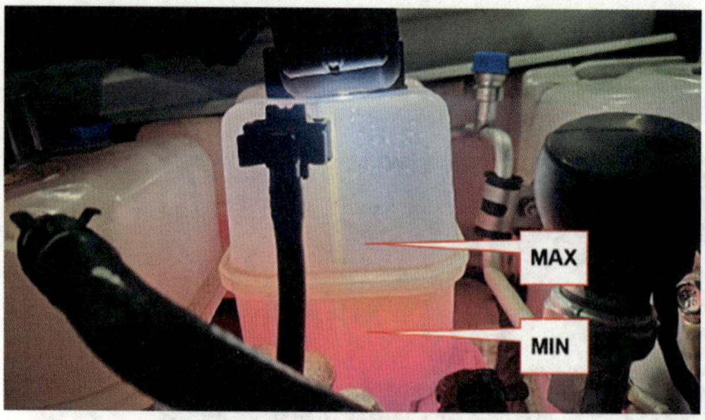

图2-2-16　冷却液（暖风）液位标准范围

（2）拧开加注口盖，查看冷却液颜色是否浑浊。

注意：

①缓慢旋开加注口盖，散热时切勿揭开，以免烫伤。

②如果冷却液不在规定范围内，应该添加，如果冷却液颜色浑浊，则应更换。

4. 冷却液更换（暖风）

（1）打开冷却液膨胀罐总成盖，如图 2-2-17 所示。

图2-2-17　冷却液（暖风）膨胀罐总成盖

（2）断开暖风循环水泵出水管，用回收容器接收放出的冷却液，暖风循环水泵出水管如图 2-2-18 所示。

注意：集中回收处理旧暖风冷却液，等待报废或再生利用，不要将旧暖风冷却液排入下水管道，保护环境。

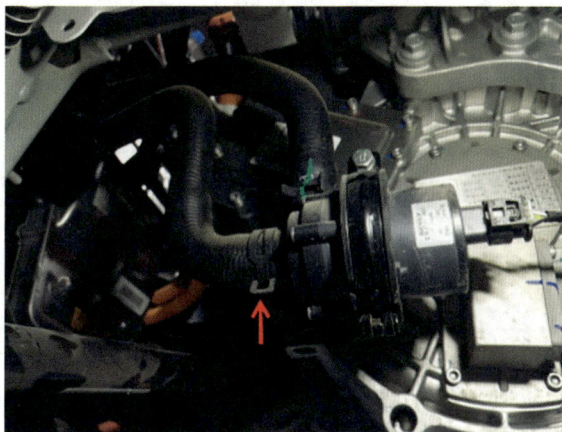

图2-2-18 暖风循环水泵出水管

（3）连接暖风循环水泵水管。

（4）静态加注：将车辆启动至 ON 挡且非充电状态，连接诊断仪，选择吉利 EV450 车型→空调控制器（AC）→特殊功能，选择加注初始化，车辆处于加注初始化状态。

（5）拧开膨胀罐盖，缓慢加注冷却液，直至膨胀罐内冷却液量达到 80% 左右，且液位不再下降。

注意：暖风冷却液需选用冰点不超过 — 40°C 的冷却液。

（6）系统排气：控制诊断仪，使车辆处于排气状态，如果液位下降及时补充冷却液，排气过程时长不小于十分钟。

（7）观察膨胀罐内冷却液下降情况，及时补充冷却液，保持冷却液液位处于 MAX 线和 MIN 线之间。

（8）加注完成：拧紧膨胀罐盖，控制诊断仪，使车辆恢复默认模式。

🚗 单元小结

（1）冷却系统的作用就是通过冷却液循环散热为驱动电机、车载充电机（如配备）、电机控制器这三大部件进行散热。

（2）冷却液检查：储液罐液面位置应该保持在 F 和 L 之间；拧紧加注口盖，查看冷却液颜色是否浑浊，检测冰点是否符合要求，如果浑浊或冰点不符合要求，则应更换冷却液。

任务工单2.2　驱动及冷却系统维护与保养

任务名称	驱动及冷却系统维护与保养	学时	4	班级	
学生姓名		学生学号		任务成绩	
实训设备、工具及仪器	多媒体教学设备1套，吉利EV450纯电动汽车4辆，车间安全用具4套，个人安全防护用具4套、冰点测试仪4个、驱动桥油加注器4个	实训场地	理实一体化教室	日期	
客户任务描述	一辆吉利EV450纯电动汽车，距离下次维护还有200 km，现在要进行驱动及冷却系统维护				
任务目的	能够正确、规范地对纯电动汽车进行更换减速驱动桥油及更换冷却液作业				

一、资讯

（1）纯电动汽车驱动系统主要由_____、_____、_____、各种传感器（加速踏板位置传感器、制动踏板开关、方向盘转角传感器等）、机械传动装置（变速器和差速器）和车轮等组成。

（2）纯电动汽车驱动系统能够将_____输出的电能转换为车轮上的_____，驱动电动汽车行驶，并能够在汽车减速制动时，将车轮的动能转化为_____充入_____。

（3）根据驱动电机的不同，纯电动汽车驱动系统主要可以分为四大类，分别是_____、感应电机驱动系统、_____和_____。

（4）吉利EV450纯电动汽车的驱动系统是_____电机系统，主要由_____和减速驱动桥总成（减速驱动桥总成是一个_____组合在一起的总成）组成。

（5）吉利EV450纯电动汽车的驱动电机系统由_____（DM）、_____（MCU）构成，通过高低压线束、_____，与整车其他系统作电气和散热连接。

二、计划与决策

请根据任务要求，确定所需要的检测仪器、工具，并对小组成员进行合理分工，制订详细的工作计划。

1. 需要的检测仪器、工具

2. 小组成员分工

3. 计划

三、实施

1. 减速驱动桥的维护保养

2. 更换冷却液

四、检查

（1）检查减速驱动桥润滑油液位是否合适：＿＿＿＿＿＿＿＿＿＿＿＿＿。

（2）检查减速驱动桥是否有漏油：＿＿＿＿＿＿＿＿＿＿＿＿＿＿＿＿。

（3）检查冷却液液位是否合适：＿＿＿＿＿＿＿＿＿＿＿＿＿＿＿＿＿。

五、评估

1.请根据自己任务完成的情况，对自己的工作进行自我评估，并提出改进意见

（1）_____

_____。

（2）_____

_____。

（3）_____

_____。

2.工单成绩（总分为自我评价、组长评价和教师评价得分值的平均值）

自我评价	组长评价	教师评价	总分

学习心得

扫一扫

检查驱动桥总成

_____

_____

_____

_____

_____

_____

_____

_____

_____

_____

_____

▶▶▶

任务导入

　　小王在某新能源汽车4S店实习，今天带队师傅告诉他要对某品牌纯电动汽车进行制动液更换作业，你知道更换制动液要如何进行吗？对其更换时有什么注意事项？

学习目标

　　（1）能快速找到转向系统各零部件的安装位置。
　　（2）能快速找到行驶系统各零部件的安装位置。
　　（3）能快速找到制动系统各零部件的安装位置。
　　（4）能正确快速地对转向系统机械部分进行维护作业。
　　（5）能正确快速地对行驶系统进行维护作业。
　　（6）能正确地对制动真空系统进行检漏作业。
　　（7）能正确地进行制动液更换作业。

理论知识

　　纯电动汽车底盘主要包括转向系统、制动系统和行驶系统。其中转向系统关系到汽车的操纵稳定性，制动系统直接关系到汽车的制动性，它们都是汽车主动安全的重要评价指标，因而通过维护将其保持在良好的工作状态有助于保证汽车行动的安全性。行驶系统主要关系到行驶的平顺性，表现在乘员感觉的舒适程度上。在追求安全、舒适的今天，对底盘的维护是非常必要的。

2.3.1　吉利EV450纯电动汽车转向系统

吉利 EV450 汽车转向系统由电动助力机直接提供转向助力，省去了液压动力转向系统所必需的动力转向油泵、软管、液压油、传送带和装于传统发动机上的皮带轮，既节省了能量，又保护了环境。另外，其还具有调整简单、装配灵活及在多种状况下都能提供转向助力的特点。电动助力转向系统位置如图 2-3-1 所示。

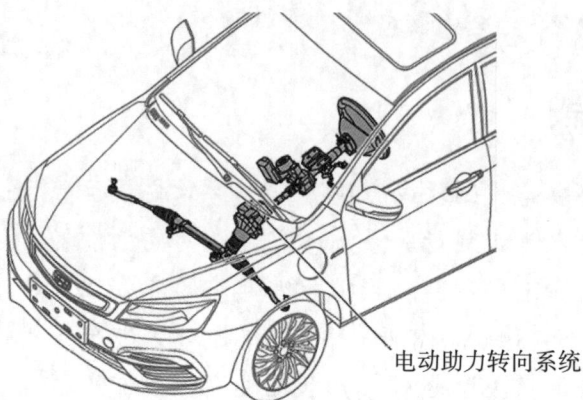

电动助力转向系统

图2-3-1　吉利EV450纯电动汽车转向系统

电动助力转向系统由转向传感装置、车速传感器、助力机械装置、转向助力电机及微电脑控制单元组成。主要零部件功能如表 2-3-1 所示。

表 2-3-1　吉利 EV450 纯电动汽车转向系统主要零部件功能

零部件		功能
电动转向管柱带中间轴总成	扭矩转角传感器	根据扭杆的扭转变形量，输出扭矩和转角信号
	电机	根据从 EPS 控制器接收到的信号产生助力
	减速机构	通过使用涡轮和齿轮降低电机速度，并将其传输到转向管柱下轴
EPS 控制器		根据扭矩、转角、车速及其他相关输入信号，计算助力电流并输出至电机
警告灯		在检测到 EPS 系统故障时亮起以警告驾驶员
组合仪表		显示警告信息，以在动力转向检测到 EPS 系统故障时警告驾驶员

　　驾驶员在操纵方向盘进行转向时，转矩传感器检测到转向盘的转向及转矩的大小，将电压信号输送到电子控制单元，电子控制单元根据转矩传感器检测到的转矩电压信号、转动方向和车速信号等，向电动机控制器发出指令使电动机输出相应大小和方向的转向助力转矩，从而产生辅助动力。汽车不转向时，电子控制单元不向电动机控制器发出指令，电动机不工作。

2.3.2　吉利EV450纯电动汽车制动系统

　　吉利 EV450 制动系统由制动器、电动真空泵、制动总泵、真空助力器和电子驻车制动（EPB）、真空罐和制动管路等组成。该制动系统采用通风盘式前制动器，实心盘式后制动器的结构，配备了带有 EBD 的 ESC 制动控制系统和真空助力管理系统，制动助力能通过制动执行器实现制动控制。吉利 EV450 制动系统如图 2-3-2 所示。

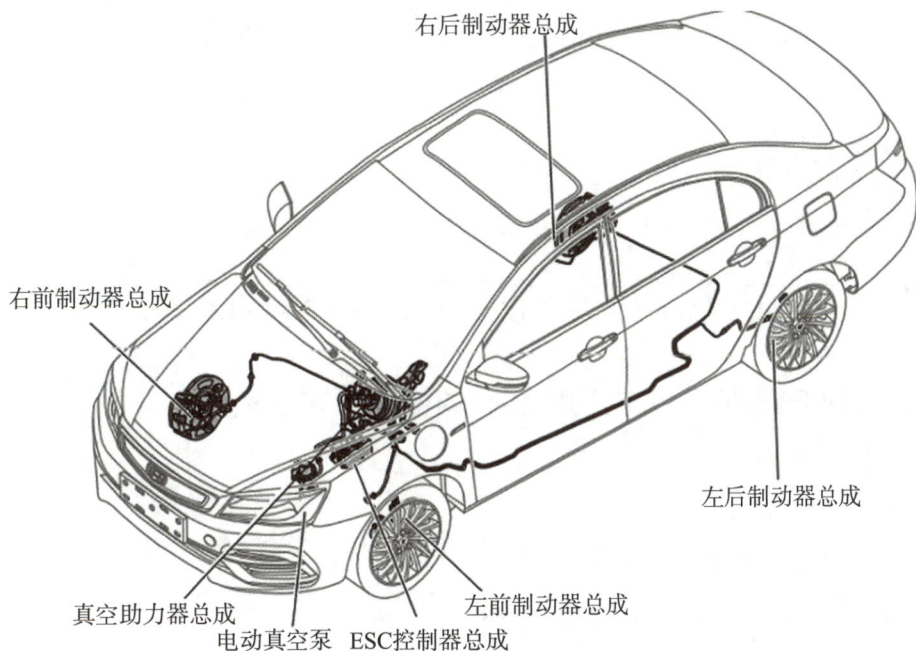

图2-3-2　吉利EV450纯电动汽车制动系统

　　吉利 EV450 纯电动汽车制动系统的主要参数见表 2-3-2。

表 2-3-2　吉利 EV450 纯电动汽车制动系统的主要参数

部件		参数
前制动型		通风盘式
后制动型		实心盘式
制动控制系统		带有 EBD 的 ESC
驻车制动类型		电子驻车制动
总泵	类型	串联（柱塞式）
	直径 /mm（in.）	23.81（0.94）
制动助力器	类型	贯穿式、双膜片真空助力器
	直径 /mm（in.）	203.2+228.6（8+9）
前盘式制动器	卡钳形式	浮动式
	制动分泵直径 /mm（in.）	60（2.36）
	转子尺寸（$D \times T$）/mm（in.）	321.2×85（12.65×3.35）
	衬垫材料	NAO
后盘式制动器	卡钳形式	浮动式、带 EPB 驻车机构
	制动分泵直径 /mm（in.）	43（1.69）
	转子尺寸（$D \times T$）/mm（in.）	290×12（11.42×0.47）

实践技能

2.3.3　吉利EV450纯电动汽车转向系统维护

1. 吉利 EV450 汽车电动助力转向器防尘套更换

1）拆卸程序

（1）拆卸前胎。

（2）拆卸转向横拉杆和球头。

（3）拆卸电动助力转向器防尘套。

①拆卸动力转向器防尘套外侧固定卡箍，如图 2-3-3 所示。

图2-3-3　转向器防尘套外侧固定卡箍

②拆卸动力转向器防尘套内侧固定卡箍，如图 2-3-4 所示。

③拆卸动力转向器防尘套。

图2-3-4　转向器防尘套内侧固定卡箍

2）安装程序

（1）安装转向横拉杆和球头。

①安装转向器防尘套。

②安装转向器防尘套内侧固定卡箍。

③安装转向器防尘套外侧固定卡箍。

（2）安装转向横拉杆和球头。

（3）安装前轮。

（4）调整前轮前束。

（5）放下车辆。

2. 吉利 EV450 汽车转向盘更换

1）拆卸程序

（1）断开蓄电池负极线电缆。

注意：在蓄电池负极断开 90 s 后再进行拆卸工作。

（2）拆卸驾驶员安全气囊。

（3）拆卸转向盘。

①拆卸转向盘固定螺母，如图 2-3-5 所示。

②拔出转向盘。

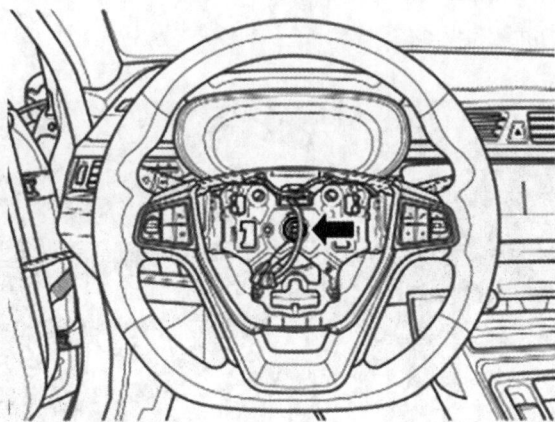

图2-3-5　转向盘固定螺母

2）安装程序

（1）安装转向盘。

①使前轮处于正前方，安装转向盘。

②紧固转向盘固定螺母，力矩为 45 N·m。

（2）安装驾驶员侧安全气囊。

（3）连接蓄电池负极电缆。

转向管柱不仅具有转向功能，而且还具有安全防护作用。为确保转向管柱的能量吸收作用，务必使用规定的螺钉、螺栓和螺母并紧固至规定扭矩。能量吸收管柱在遇到前端碰撞时溃缩，从而减少驾驶员受伤的机会。

2.3.4　吉利EV450纯电动汽车制动系统维护

1. 制动衬块检查

（1）定期检查制动衬块，如图2-3-6所示，进行测量，如果超过规格，更换制动衬块。

图2-3-6　检查制动衬块

（2）如果需要更换，必须更换盘式制动衬块。

（3）检查盘式制动衬块的摩擦面是否开裂、破裂或损坏。

2. 制动钳的检查

（1）检查制动钳壳体是否开裂、严重磨损和损坏，如果出现上述状况，则需要更换制动钳。

（2）检查制动钳活塞防尘罩密封圈是否开裂、破裂、有缺口、老化和未在制动钳体内正确安装，如果出现任何上述状况，则更换制动钳。

（3）检查制动钳活塞防尘罩密封圈周围和盘式制动衬块上是否有制动液泄漏，如果出现制动液泄漏迹象，则更换制动钳。

（4）检查制动钳活塞是否能顺畅进入制动钳缸内且行程完整，制动钳缸内制动钳活塞的运动应顺畅且均匀，如果制动钳活塞卡滞或者难以到达底部，则需要更换制动钳。

3. 制动衬块导向片的检查

（1）检查制动衬块导向片是否存在缺失、严重腐蚀、安装凸舌弯曲等状况。

（2）如果发现上述任何情况，则需要更换盘式制动衬块导向片。确保制动衬块在盘式制动衬块导向片上滑动顺畅，没有阻滞现象。

4. 制动盘厚度测量

（1）用工业酒精或类似的制动器清洗剂清洗制动盘摩擦面。

（2）用测微计测量并记录沿制动盘圆周均匀分布的4个或4个以上位置点的最小厚度，务必确保仅在制动衬块衬面接触区域内进行测量，且每次测量时测微计与制动盘外边缘的距离必须相等，如图2-3-7所示。

（3）如果制动盘厚度超过规格，则制动盘需要进行表面修整或更换。

注意：对制动盘进行表面修整或更换后，也要更换制动衬块。

图2-3-7　制动盘厚度测量

5. 制动液的加注和更换

吉利EV450使用的制动液型号为DOT4，不同型号的制动液不能混用。更换制动液的步骤如下所示。

（1）打开车门，安装三件套。

（2）打开机舱盖，安装翼子板布及前格栅布。

（3）打开制动液储液罐加注口并取出滤网，如图2-3-8所示。

图2-3-8　打开制动液储液罐加注口

（4）清洁吸液管路表面后将抽吸机软管插入制动液储液罐。

（5）按下制动液抽吸机开关，将储液罐里的制动液抽出。

（6）补充新制动液（DOT4）至储液罐适宜高度，如图2-3-9所示。

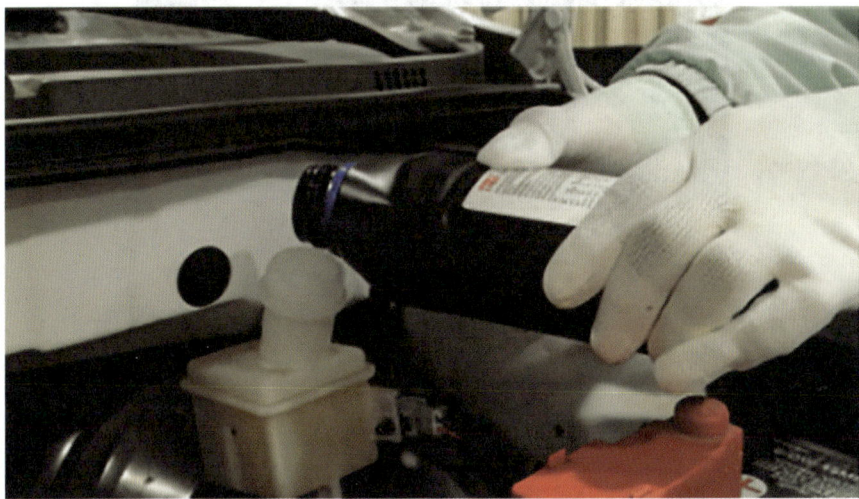

图2-3-9　加注制动液

（7）安装制动液加注罐。

（8）举升车辆。

（9）取下右后制动分泵放油口防尘罩。

（10）将放油扳手套在制动分泵放油螺栓上。

（11）将放油口连接器插入制动液抽吸机软管。

（12）将吸液管路连接到制动分泵放油口上，如图 2-3-10 所示。

图2-3-10　连接到制动分泵放油口

（13）拧松放油口螺栓，如图 2-3-11 所示。

图2-3-11　拧松放油口螺栓

（14）按下制动液抽吸机开关，将旧制动液吸出，如图 2-3-12 所示，此时吸液管路呈黄色或浑浊的状态，当看到有接近透明的新制动液流出时即可停止吸液。

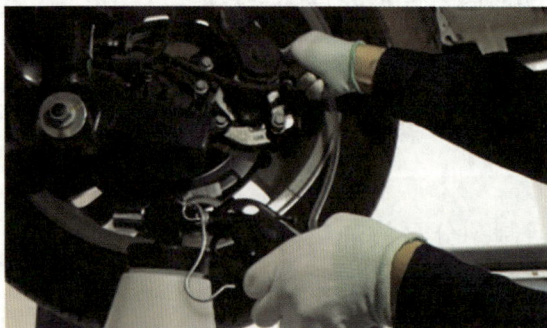

图2-3-12　吸出旧制动液

（15）拧紧放油口螺栓至规定扭矩。

（16）将连接器与制动分泵放油口分离，取下放油扳手。

（17）关闭制动液抽吸机开关。

（18）安装右后制动分泵放油口防尘罩。

（19）用同样的方法更换其余三个车轮制动管路中的制动液。

（20）降下车辆，踩下制动踏板数次，应感觉制动踏板沉重，如果感觉不沉重则说明制动系统有空气，需要重复上述过程排气；举升车辆，检查各轮制动分泵放油口有无漏油，如果有漏油则视情况处理；降下车辆，取下制动液加注罐，安装储液罐滤网、储液罐加注口盖；取下翼子板布及前格栅布，关闭机舱盖；取下三件套。

注：如果没有制动液加注罐，更换完右后轮制动液后需降下车辆进行补充制动液，然后按左后、右前、左前的顺序进行更换制动液，而且每更换一个车轮都要降下车辆补充制动液。

单元小结

（1）转向系统维护主要检查转向器防尘套是否损坏、漏油，如果损坏需要及时更换；还需要检查方向盘的自由转动量是否正常，如果不在规定范围内需要调整；并且检查转向时有无异响，当出现异响时需要及时处理。

（2）吉利 EV450 制动系统包括制动器、电动真空泵、制动总泵、真空助力器、电子驻车制动（EPB）、真空罐和制动管路等。该制动系统采用通风盘式前制动器。

（3）制动系统维护主要检查制动液液位与含水率，当液位不足时需要及时添加至标准液位，当含水率过高时需要更换，还要定期检查摩擦片厚度与分泵销情况，当摩擦片厚度低于标准时需更换。

任务工单2.3　纯电动汽车底盘的维护与保养

任务名称	纯电动汽车底盘的维护与保养	学时	4	班级	
学生姓名		学生学号		任务成绩	
实训设备、工具及仪器	多媒体教学设备1套、吉利EV450纯电动汽车4辆，车间安全用具4套，个人安全防护用具4套，制动液抽吸机4台	实训场地	理实一体化教室	日期	
客户任务描述	一辆吉利EV450纯电动汽车，距离下次维护还有200 km，现在要进行底盘的维护与保养				
任务目的	能够正确、规范地对纯电动汽车进行制动真空系统漏气检查、更换制动液作业				

一、资讯

（1）吉利EV450纯电动汽车的制动系统为_____，主要由_____、ABS控制器、_____、_____、_____和制动管路等组成。此制动系统采用的制动器是_____的结构，在保证制动效能的前提下，降低了使用成本。

（2）吉利EV450纯电动汽车制动系统的维护，主要集中在查看_____的液面高度是否符合要求、制动踏板的自由行程是否正常、制动真空泵管路是否松动、_____、_____及驻车制动器手柄拉起的齿数。

二、计划与决策

请根据任务要求，确定所需要的检测仪器、工具，并对小组成员进行合理分工，制订详细的工作计划。

1.需要的检测仪器、工具

2. 小组成员分工

3. 计划

三、实施

1. 电动助力转向器防尘套更换

2. 转向盘更换

3. 制动衬块检查

4. 制动钳的检查

5. 制动衬块导向片的检查

6. 制动盘厚度测量

7. 制动液的加注和更换

四、检查

（1）用力按下前保险杠然后松开，检查车轮跳动次数：＿＿＿＿＿＿＿＿＿＿＿。

（2）用胎压表检查胎压：＿＿＿＿＿＿＿＿＿＿＿＿＿＿＿＿＿＿＿＿＿。

（3）检查制动真空泵正常启动 10 s 内能否停止工作：＿＿＿＿＿＿＿＿＿＿。

（4）踩下制动踏板数次，感觉制动踏板是否沉重：＿＿＿＿＿＿＿＿＿＿＿＿。

五、评估

1. 请根据自己任务完成的情况，对自己的工作进行自我评估，并提出改进意见

（1）＿＿＿＿＿＿＿＿＿＿＿＿＿＿＿＿＿＿＿＿＿＿＿＿＿＿＿＿＿＿＿＿＿

＿＿＿＿＿＿＿＿＿＿＿＿＿＿＿＿＿＿＿＿＿＿＿＿＿＿＿＿＿＿＿＿＿＿＿。

（2）＿＿＿＿＿＿＿＿＿＿＿＿＿＿＿＿＿＿＿＿＿＿＿＿＿＿＿＿＿＿＿＿＿

＿＿＿＿＿＿＿＿＿＿＿＿＿＿＿＿＿＿＿＿＿＿＿＿＿＿＿＿＿＿＿＿＿＿＿。

（3）＿＿＿＿＿＿＿＿＿＿＿＿＿＿＿＿＿＿＿＿＿＿＿＿＿＿＿＿＿＿＿＿＿

＿＿＿＿＿＿＿＿＿＿＿＿＿＿＿＿＿＿＿＿＿＿＿＿＿＿＿＿＿＿＿＿＿＿＿。

2. 工单成绩（总分为自我评价、组长评价和教师评价得分值的平均值）

自我评价	组长评价	教师评价	总分

学习心得

＿＿＿＿＿＿＿＿＿＿＿＿＿＿＿＿＿＿＿＿＿＿＿＿＿＿＿＿＿＿＿＿＿＿＿＿

＿＿＿＿＿＿＿＿＿＿＿＿＿＿＿＿＿＿＿＿＿＿＿＿＿＿＿＿＿＿＿＿＿＿＿＿

＿＿＿＿＿＿＿＿＿＿＿＿＿＿＿＿＿＿＿＿＿＿＿＿＿＿＿＿＿＿＿＿＿＿＿＿

＿＿＿＿＿＿＿＿＿＿＿＿＿＿＿＿＿＿＿＿＿＿＿＿＿＿＿＿＿＿＿＿＿＿＿＿

＿＿＿＿＿＿＿＿＿＿＿＿＿＿＿＿＿＿＿＿＿＿＿＿＿＿＿＿＿＿＿＿＿＿＿＿

＿＿＿＿＿＿＿＿＿＿＿＿＿＿＿＿＿＿＿＿＿＿＿＿＿＿＿＿＿＿＿＿＿＿＿＿

＿＿＿＿＿＿＿＿＿＿＿＿＿＿＿＿＿＿＿＿＿＿＿＿＿＿＿＿＿＿＿＿＿＿＿＿

＿＿＿＿＿＿＿＿＿＿＿＿＿＿＿＿＿＿＿＿＿＿＿＿＿＿＿＿＿＿＿＿＿＿＿＿

空调系统维护与保养

▶▶▶▶

任务导入

小王在某新能源汽车 4S 店实习，今天带队师傅告诉他要对某品牌纯电动汽车空调系统进行维护作业，你知道纯电动汽车空调系统维护内容有哪些吗？对其进行维护时有什么注意事项？

学习目标

（1）能迅速找到空调系统各零部件的安装位置。
（2）能正确使用空调系统。
（3）能正确检查空调系统的制冷与制暖能力。
（4）能迅速更换空调滤芯。
（5）能正确规范地对电动压缩机进行绝缘测试。

理论知识

空调（Air Condition，缩写为 A/C）即空气调节，是指在封闭的空间内，对空气温度、湿度、流速及空气的清洁度进行部分或全部调节的过程。汽车空调的作用是将车内空间的环境调整到人体最适宜的状态，创造良好的劳动条件和工作环境，以提高驾驶人的劳动生产率和行车安全。汽车空调一般由制冷系统、取暖系统、配气系统、电气控制系统和通风与净化系统组成。

2.4.1 内燃机汽车的空调系统

1. 内燃机汽车空调制冷系统

以循环离合器膨胀阀系统（图2-4-1）为例，内燃机汽车空调制冷系统主要由压缩机、冷凝器、膨胀阀、蒸发器、储液干燥器、空调压力开关、制冷管路、鼓风机和冷凝器散热风扇等部件组成，制冷剂和冷冻机油在封闭的系统中循环流动。

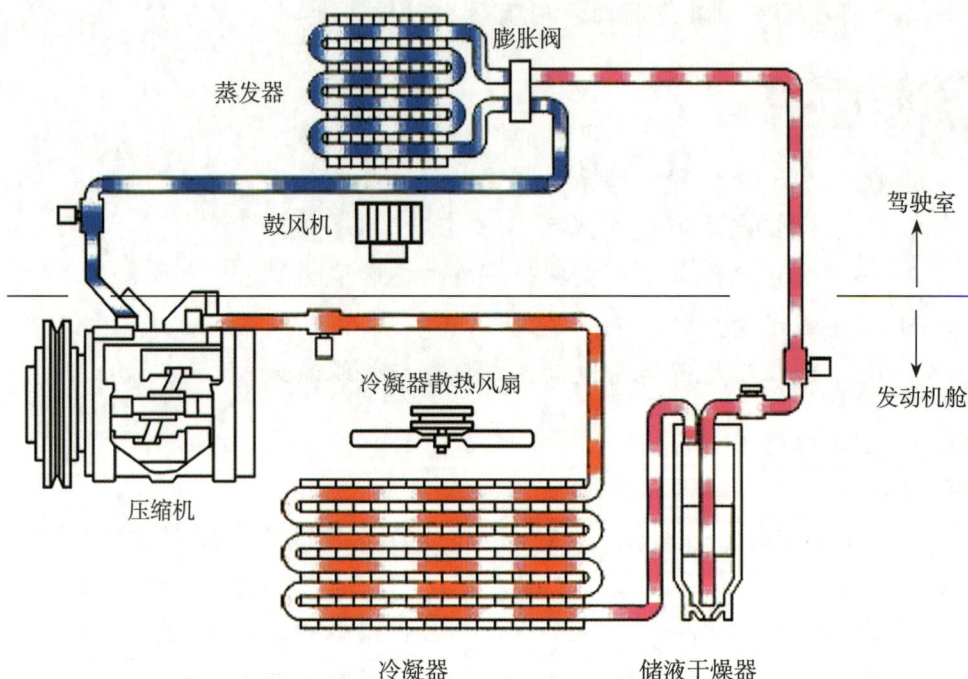

图2-4-1 循环离合器膨胀阀制冷系统的组成

压缩机一般由发动机通过电磁离合器带动，当压缩机运转时，将蒸发器内的低压低温制冷剂蒸气吸入气缸，经过压缩后，形成高压高温蒸气并排入冷凝器。在冷凝器中，高压高温的制冷剂蒸气与外面的空气进行热交换，放出热量使制冷剂冷凝成高压高温液体，然后经储液干燥器干燥和过滤后流入膨胀阀。高压高温液体制冷剂经膨胀阀的节流，压力和温度急剧下降，制冷剂以低压低温的气液混合状态进入蒸发器。在蒸发器里，低压低温液体制冷剂吸取车厢内空气的热量，气化成低压低温蒸气并进入压缩机进行下一轮循环。这样，制冷剂在封闭的系统内经过压缩、冷凝、节流和蒸发四个过程，完成了一个制冷循环。

2. 内燃机汽车空调暖风系统

汽车空调暖风系统的主要作用是能与蒸发器一起将空气调节到乘员舒适的温度；在冬季向车内提供暖气，提高车内环境温度；当车上玻璃结霜和结雾时，可以输送热风用来除霜和除雾。轿车、载货汽车和小型客车多采用发动机余热水暖式取暖系统，其组成及工作原理如图 2-4-2 所示。

该系统将温度较高的发动机冷却液引入加热器芯，由鼓风机将车厢内或车外部空气通过加热器芯而使之升温。水阀安装在发动机缸体出水口处，通过控制水阀的开度调节水流量的大小，调节暖风机的供热量。

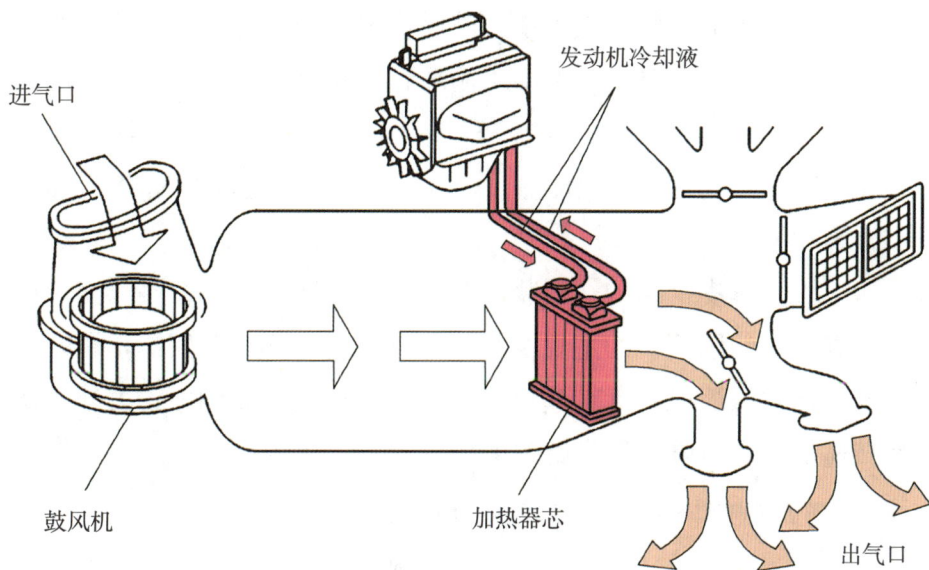

图2-4-2　发动机余热水暖式取暖系统的组成及工作原理

3. 汽车空调配气系统

汽车空调配气系统包括鼓风机、风道、风门和出风口等，风门把车外的新鲜空气引入车内，通过排风口把车内的污浊空气排出车外。

2.4.2　吉利EV450纯电动汽车空调系统

纯电动汽车空调系统和传统汽车的空调系统有着很大的不同，主要的不同点在压缩机上，传统汽车压缩机由发动机通过皮带驱动，制冷性能由 ECU 调整压缩机斜盘角来完成。纯电动汽车压缩机由电机驱动，制冷性能由 HCU（混合动力控制模块）控制电机转速即压缩机转速来完成。

传统压缩机只使用 12 V 电压控制，电动空调压缩机既要使用 12 V 电压控制，也要使用高压带动电机运转。

在暖风操作模式下，传统汽车使用鼓风机把发动机冷却水加热后的热空气输送到室内，由冷却水泵提供冷却水循环到达暖风水箱。而新能源汽车空调系统中 PTC 空气加热器也是与传统车很大的一个区别，在加热方面与循环动力方面不同，传统车用余热加热，以水泵为动力，电动车用 PTC 加热，以电子水泵为动力。

电动压缩机为非皮带结构，安装位置不受皮带连接限制，可以安装在车辆的任何位置。电动压缩机的主要控制部件有微处理器和逆变器。微处理器从空调控制器接收压缩机目标转速命令，为电机提供所需动力；另外，反馈电机实际转速信息，将电流提供给空调控制器，进行闭合控制。

1. 吉利 EV450 纯电动汽车空调制冷系统

压缩机类型为电动涡旋式，压缩机控制器与压缩机集成一体，通过电机自身的旋转带动涡旋盘压缩，完成制冷剂的吸入和排出，为制冷循环提供动力。压缩机性能曲线（测试工况：高压 1.57 MPa，低压 0.296 MPa，过热度 10°C，过冷度 5°C），如图 2-4-3 所示。

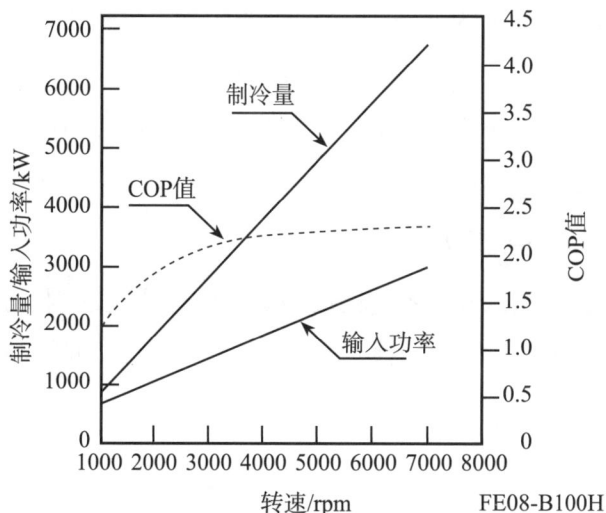

图2-4-3　压缩机性能曲线

吉利 EV450 空调制冷系统主要由电动压缩机、冷凝器、储液干燥罐、蒸发器及膨胀阀等组成，如图 2-4-4 所示。

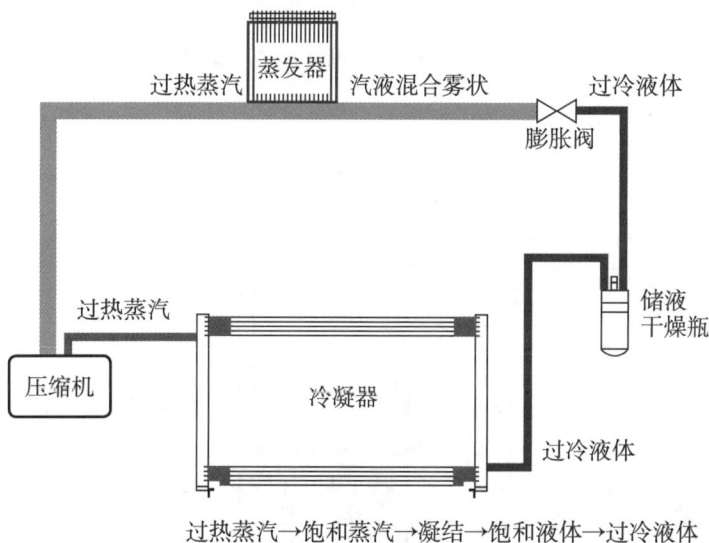

过热蒸汽→饱和蒸汽→凝结→饱和液体→过冷液体

图2-4-4　吉利EV450制冷系统工作过程

压缩机受高压电驱动，当压缩机工作时，压缩机吸入从蒸发器出来的低温低压的气态制冷剂，经压缩，制冷剂的温度和压力升高，并被送入冷凝器。在冷凝器内，高温高压的气态制冷剂把热量传递给经过冷凝器的车外空气而液化，变成液体。液态制冷剂流经膨胀阀时，温度和压力降低，并进入蒸发器。在蒸发器内低温低压的液态制冷剂吸收经过蒸发器的车内空气的热量而蒸发，变成气体。气体又被压缩机吸入进行下一轮循环。这样，通过制冷剂在系统内的循环，不断吸收车内空气的热量并将热量排到车外空气中，使车内空气的温度逐渐下降。

2. 吉利EV450空调暖风系统

加热器由电阻膜和散热元件组成，在一定电压范围内，加热的功率随电流变化而变化，电加热器可输出稳定的功率，从而为制热系统提供稳定的热源，如图2-4-5所示。

图2-4-5 电加热器（PTC）总成

吉利EV450空调暖风系统主要由鼓风机和电加热器（PTC）、加热器水泵、加热器芯体等组成，如图2-4-6所示。

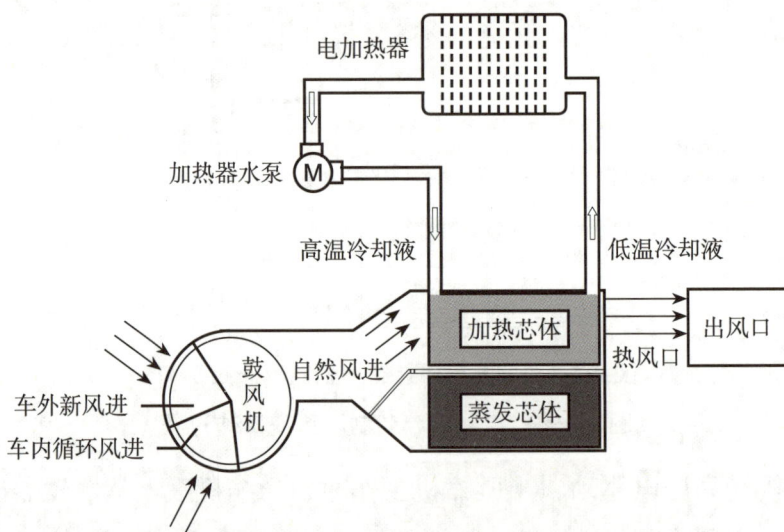

图2-4-6 吉利EV450空调暖风系统工作过程

当自动空调系统处于加热模式时，加热器在高压电的作用下对冷却液进行加热，高温冷却液被加热器水泵抽入加热器芯。同时，冷暖温度控制电机旋转至采暖位置，气流在鼓风机的作用下流过加热器芯，产生热量传递。外部空气在进入乘客舱前，与加热后的空气混合，吹出舒适的暖风。

3. 吉利 EV450 通风控制系统

通风控制系统上的各种位置可使模式阀门通过风道混合或引入冷风、热风和外部空气通过空调系统，气流由风道系统和出风口将空气输送到乘客室，如图 2-4-7 所示。

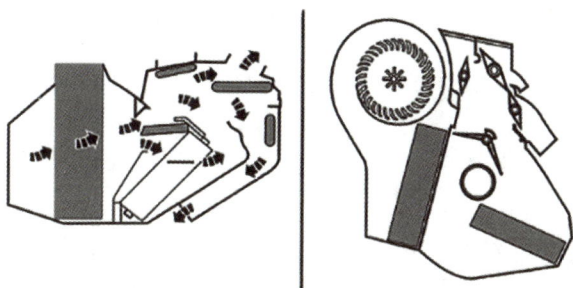

图2-4-7　吉利EV450通风控制系统示意图

4. 吉利 EV450 空调系统元件位置

吉利 EV450 空调系统元件位置如图 2-4-8 所示。

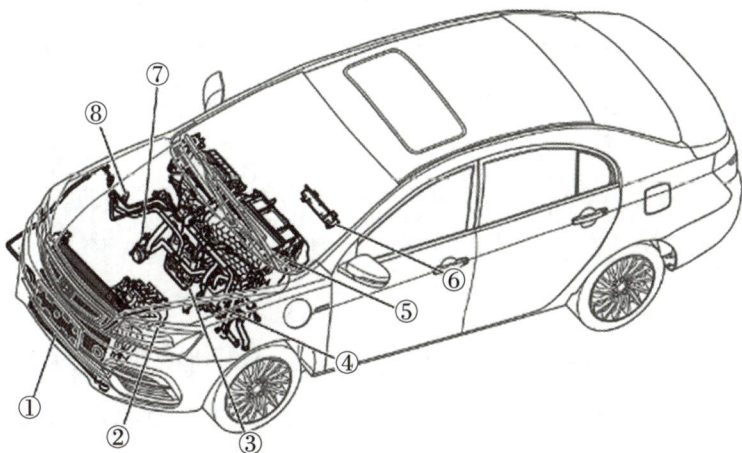

①—冷凝器；②—空调压缩机；③—加热器PTC；④—热交换器总成；
⑤—空调箱总成；⑥—空调控制面板；⑦—PTC电动水泵；⑧—空调压力开关。

图2-4-8　吉利EV450空调系统元件布置图

实践技能

吉利EV450纯电动汽车空调系统日常维护的主要内容：制冷系统检查、空调暖风系统检查、空调滤芯更换等。

2.4.3　吉利EV450纯电动汽车空调制冷系统维护

1. 日常维护

日常维护主要是通过看、听、摸、测等方法进行检查。

（1）检查和清洗汽车空调的冷凝器，要求散热片内清洁，片间无堵塞物。

（2）检查制冷系统中制冷剂的量。在电动汽车空调机组正常工作时，用眼观察储液干燥器顶部的视液镜，若视镜内没有气泡，仅在增加或降低负载时出现少量的气泡，这说明制冷剂适量；若不论怎样调节发动机转速，始终看到有混浊状的气泡流动，则说明管路内制冷剂不足，应予补充；若不论负载大小，始终看不到气泡，则说明制冷剂过量。

（3）用耳听和鼻闻检查汽车空调有无异常响声和异常气味。

（4）用手摸压缩机附近高、低压管有无温差，正常情况下低压管路呈低温状态高压管路呈高温状态。

（5）用手摸冷凝器进口和出口处，正常情况下是前者较后者热。

（6）用手摸膨胀阀前后应有明显温差，正常情况是前热后凉。

（7）检查制冷系统软管外观是否正常，各接头处连接是否牢靠，接头处有无油污，有油污表明有微漏，应进行紧固。

（8）检查制冷系统电路连接是否牢靠，有无断路或脱接现象。

（9）通过压力计组的指示压力来判断电动汽车空调系统运行状态是否可靠。

2. 定期保养

（1）压缩机：在压缩机运转情况下，检查其是否有异常响声，如有，说明压缩机的轴承、阀片、活塞环或其他部件有可能损伤，或冷冻润滑油过少；检查压缩机的高低压端有无温差；运转中如压缩机有振动，应检查润滑油液面的高度。

（2）冷凝器、蒸发器：检查两者的清洁状况及通道是否畅通，以保证其能通过最大的通气量。

（3）膨胀阀：检查其有无堵塞，感温包与蒸发器出口管路是否贴紧；膨胀阀能否根据温度的变化自动调节制冷剂的供给量。

（4）高、低压管：检查软管有无裂纹、鼓包、老化或破损现象，硬管是否有裂纹或渗漏现象，是否会碰到硬物或运动件，管道螺栓是否紧固。

（5）储液干燥器：检查易熔塞是否熔化，各接头处是否有油迹，正常工作时其表面应无露珠或挂霜现象；每年四五月份维护期中视需要更换干燥剂或干燥过滤器总成。

（6）高、低压开关：检查高、低压开关，高压开关在压力为 2.2 MPa 时，应能自动接通声光报警电路并使电磁离合器断电，当压力小于 2 MPa 时应能自动复位；低压开关在压力小于 0.2 MPa 时，应能自动接通声光报警电路并使电磁离合器断电，当压力大于 0.2 MPa 时应能自动复位。

（7）冷凝器和蒸发器风机：检查冷凝器和蒸发器风机工作时有无异常响声，叶片有无破损，螺栓、连接是否牢固，电动汽车电动机轴承有无缺油现象。

2.4.4　吉利EV450纯电动汽车暖风系统维护

1. 暖风效果检查

（1）打开车门并安装三件套。

（2）点火开关置 ON 位置，如图 2-4-9 所示。

图2-4-9　打开点火开关

（3）按下空调开关，如图2-4-10所示。

图2-4-10　打开空调开关

（4）将冷暖风调节旋钮旋至暖风位置。

（5）将出风口调至最大位置。

（6）检查各出风口有无暖风，如图2-4-11所示。

图2-4-11　检查出风口有无暖风

（7）暖风功能打开工作几分钟之后，检查吹出的风有无焦糊味等异味，若有则建议客户进行维修。

（8）关闭空调。

（9）关闭点火开关并拔下钥匙。

（10）取下三件套并关闭车门。

2.PTC 电动水泵总成更换

（1）打开前机舱盖。

（2）断开蓄电池负极电缆。

（3）拆卸 PTC 电动水泵。

①断开 PTC 电动水泵线束连接插头，如图 2-4-12 中①所示。

②拆卸 PTC 电动水泵暖风出水管环箍，脱开 PTC 电动水泵暖风出水管，如图 2-4-12 中②所示。

③拆卸 PTC 电动水泵进水管环，脱开 PTC 电动水泵进水管，如图 2-4-12 中③所示。

注意：水管脱开前请在车辆底部放置容器，接住防冻液，以免污染地面。

④拆卸 PTC 电动水泵支架两个固定螺母，如图 2-4-12 中④所示，取下 PTC 电动水泵总成。

（4）安装流程与拆卸流程完全相反。

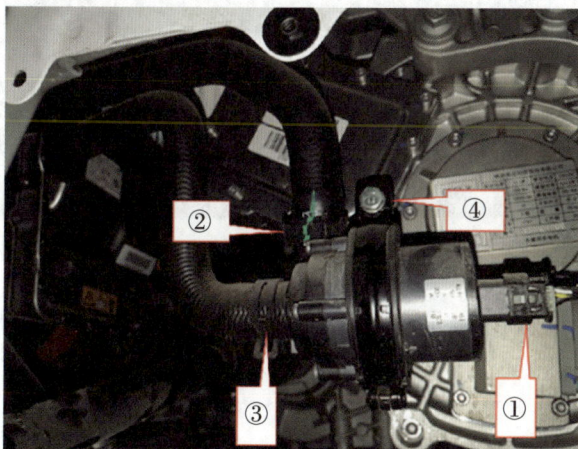

①—线束连接插头；②—暖风出水管；③—水泵进水管；④—固定螺母。

图2-4-12　电动水泵总成

2.4.5　吉利EV450空调滤芯的更换

　　空调滤清器的作用：过滤从外界进入车厢内部的空气，使空气的洁净度提高。一般的过滤物质是指空气中所包含的杂质，即微小颗粒物、花粉、细菌、工业废气和灰尘等。空调使用一段时间以后，空调滤芯上吸附了大量的污染物，此时如果不及时更换滤芯，其不仅起不到过滤的作用，还会成为车里的一大污染源，因此要对空调滤芯进行定期更换。

1. 汽车空调滤芯拆卸及安装流程

　　（1）打开右侧车门。

　　（2）拆卸仪表板副驾驶杂物箱。

　　（3）拆卸空调滤芯。

①拆卸空调滤芯安装壳螺栓，如图 2-4-13 所示。

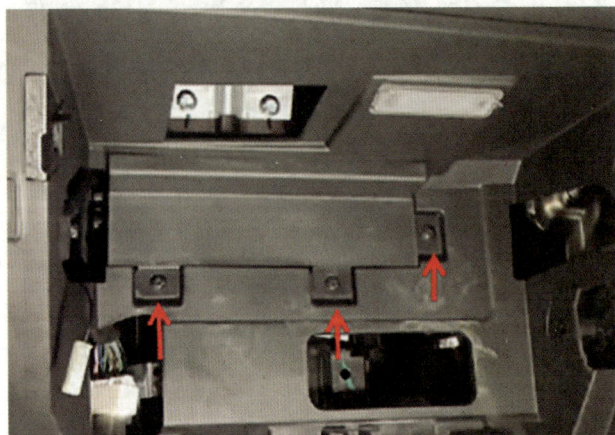

图2-4-13　空调滤芯安装壳螺栓

②捏住如图 2-4-14 所示的位置，抽出空调滤芯。

图2-4-14　抽出空调滤芯

（4）检查空气滤芯的脏污情况，如果还能继续使用则进行除尘处理，不能继续使用则更换。

（5）安装流程与拆卸流程完全相反。

单元小结

（1）汽车空调装置的制冷系统采用蒸气压缩式制冷原理，它主要由压缩机、冷凝器、膨胀阀和蒸发器四个主要部件组成，并用管路连接成一个封闭的循环系统。

（2）冷凝器最重要的作用就是完成制冷系统的热量交换，冷凝器是汽车空调中的散热装置，将压缩机压缩过程中冷媒产生的热量发散到车外空间，使压缩机出来的高温高压气体变为中温高压液体。

（3）空调系统日常维护主要是通过看、听、摸、测等方法进行检查。

（4）更换空调滤芯：拆卸仪表板副驾杂物箱→拆卸空调滤芯外各饰板→取出空调滤芯→检查空气滤芯的脏污情况，如果还能继续使用则进行吹尘处理，不能继续使用则更换→逆序安装空调滤芯。

任务工单2.4　空调系统维护与保养

任务名称	空调系统维护与保养	学时	4	班级	
学生姓名		学生学号		任务成绩	
实训设备、工具及仪器	多媒体教学设备1套，吉利EV450纯电动汽车4辆，车间安全用具4套，个人安全防护用具8套，兆欧表4个	实训场地	理实一体化教室	日期	
客户任务描述	一辆吉利EV450纯电动汽车，距离下次维护还有200 km，现在要进行空调系统维护				
任务目的	能够正确、规范地对纯电动汽车进行电动压缩机异响检查、电动压缩机绝缘测试及更换空调滤芯作业				

一、资讯

（1）空调即空气调节，是指在封闭的空间内，对＿＿＿＿＿＿、＿＿＿＿＿＿、＿＿＿＿＿＿及空气的清洁度进行部分或全部调节的过程。汽车空调的作用是将车内空间的环境调整到对人体最适宜的状态，创造良好的劳动条件和工作环境，以提高驾驶人的劳动生产率和行车安全。汽车空调一般由＿＿＿＿＿＿、＿＿＿＿＿＿、配气系统、电气控制系统和＿＿＿＿＿＿组成。

（2）当压缩机运转时，将蒸发器内的＿＿＿＿＿＿吸入气缸，经过压缩后，形成＿＿＿＿＿＿并排入＿＿＿＿＿＿。在＿＿＿＿＿＿中，高压高温的制冷剂蒸气与外面的空气进行＿＿＿＿＿＿，放出＿＿＿＿＿＿使制冷剂＿＿＿＿＿＿，然后经储液干燥器后流入＿＿＿＿＿＿。高压高温液体制冷剂经＿＿＿＿＿＿的节流，压力和温度急剧下降，制冷剂以低压低温的＿＿＿＿＿＿进入蒸发器。在蒸发器里，＿＿＿＿＿＿吸取车厢内空气的热量，气化成低压低温蒸气并进入压缩机进行下一轮循环。这样，制冷剂在封闭的系统内经过＿＿＿＿＿＿、＿＿＿＿＿＿、节流和＿＿＿＿＿＿四个过程，完成了一个制冷循环。

（3）纯电动汽车空调系统和传统汽车的空调系统有着很大的不同，主要表现在两个方面，一是＿＿＿＿＿＿；二是＿＿＿＿＿＿。传统汽车压缩机动力源自＿＿＿＿＿＿，暖风系统热源多数是发动机余热；而纯电动汽车没有发动机，因此需要用其他的方案进行解决。通常是压缩机由＿＿＿＿＿＿驱动，暖风系统采用＿＿＿＿＿＿。

（4）吉利EV450纯电动汽车空调制冷系统压缩机采用的是_____压缩机，压缩机与压缩机电机及_____集成在一起称为_____。

（5）吉利EV450纯电动汽车空调系统日常维护的主要内容：_____、_____、_____等。

二、计划与决策

请根据任务要求，确定所需要的检测仪器、工具，并对小组成员进行合理分工，制订详细的工作计划。

1. 需要的检测仪器、工具

2. 小组成员分工

3. 计划

三、实施

1. 空调制冷系统检查

2. 空调暖风系统检查

3. 空调滤芯更换

四、检查

（1）检查高压盒高压附件线束是否安装到位：_____。

（2）检查电动压_____。

五、评估

1.请根据自己任务完成的情况，对自己的工作进行自我评估，并提出改进意见

（1）_____

_____。

（2）_____

_____。

（3）_____

_____。

2.工单成绩（总分为自我评价、组长评价和教师评价得分值的平均值）

自我评价	组长评价	教师评价	总分

学习心得

_____

_____

_____

_____

_____

_____

_____

_____

_____

_____

_____

纯电动汽车车身维护与保养

▶▶▶

任务导入

　　小王为某新能源汽车4S店维修工，今天有一辆某品牌纯电动汽车进店进行维护，小王要对其车身进行维护，你知道纯电动汽车车身维护内容有哪些吗？

学习目标

（1）能快速找到照明灯与信号指示灯的位置。

（2）能正确使用车身各低压电器。

（3）能正确对照明与信号系统进行维护作业。

（4）能正确地进行灯光调节。

（5）能正确地根据仪表盘各警告灯状态判断汽车故障类型。

（6）能正确地使用冰点测试仪检测洗涤液冰点。

2.5.1　汽车灯光系统

　　为了方便汽车行驶，保证行车安全，汽车上都装有多种灯光设备，用于照明及发出信号，如图2-5-1所示。汽车灯光系统要可靠、实用、美观，同时还要结构合理、经济耐用、保修方便。

图2-5-1　汽车灯光的作用

　　汽车照明与信号装置构成了汽车电路系统中一个独立的电路系统。一般轿车有15～25个外部照明灯和40多个内部照明灯。这就说明该系统在现代汽车上起着重要的作用，汽车照明与信号装置的分布如图2-5-2所示。

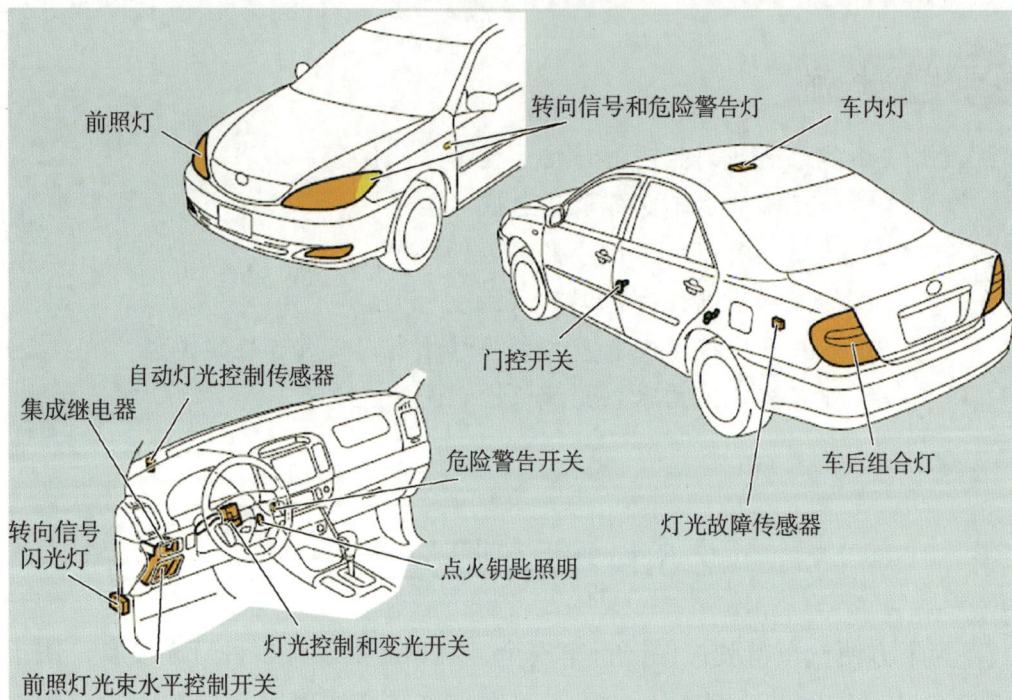

图2-5-2　汽车照明与信号装置的分布

1. 汽车的灯光照明系统

　　汽车照明灯是汽车夜间行驶必不可少的照明设备，为了提高汽车的行驶速度、确保夜间行车的安全，汽车上装有多种照明设备。汽车照明灯根据安装位置和用途不同，一般可分为外部照明灯和内部照明灯。外部照明灯主要有前照灯、防雾灯、牌照灯等，内部照明灯主要有仪表照明灯、阅读灯、顶灯等。吉利 EV450 纯电动汽车的灯光照明系统见表 2-5-1。

表 2-5-1　吉利 EV450 纯电动汽车的灯光照明系统

种类		工作时的特点	用途
外部照明灯	前照灯	白色常亮（远、近光变化）	为驾驶人安全行车提供保障
	雾灯	黄色或橙色单丝常亮	雨雪雾天要保证有效照明及提供信号
	牌照灯	白色常亮	用于照亮汽车尾部牌照
内部照明灯	顶灯	白色常亮	用于夜间车内照明
	仪表灯	白色常亮	用于夜间观察仪表时的照明
	行李箱灯	白色常亮	用于夜间拿取行李物品时的照明

2. 汽车的灯光信号系统

汽车上除照明灯外，还有用以指示其他车辆或行人的灯光信号标志，这些灯称为信号灯。

信号灯也分为外信号灯和内信号灯，外信号灯指转向指示灯、制动灯、尾灯、示廓灯、倒车灯，内信号灯泛指仪表板的指示灯，主要有转向、机油压力、充电、制动、关门提示等仪表指示灯。吉利 EV450 纯电动汽车的灯光信号系统见表 2-5-2。

表 2-5-2　吉利 EV450 纯电动汽车的灯光信号系统

种类		工作时的特点	用途
外信号灯	转向灯	琥珀色交替闪	告知路人或其他车辆将转弯
	示廓灯	白或黄色常亮	标志汽车宽度轮廓
	停车灯	白或红色常亮	表明汽车已经停驶
	制动灯	红色常亮	表示已减速或将停车
	倒车灯	白色常亮	告知路人或其他车辆将倒车
内信号灯	转向指示灯	绿色闪亮	提示驾驶人车辆的行驶方向
	READY 指灯	绿色常亮	表示上电正常
	充电指示灯	黄色常亮	表示需要充电
	其他指示灯		提示驾驶人车辆的状态

2.5.2　汽车座椅及安全带系统

1.汽车座椅

现代轿车已经不是一个单纯的运载工具，它已经是"人、汽车与环境"的组合体。座椅作为汽车使用者的直接支承装置，在车厢部件中具有非同小可的重要性。汽车座椅的主要功能是为驾驶人或乘客提供便于操纵、舒适、安全和不易疲劳的驾驶或乘坐座位。

1）座椅的调整功能

一般来说，座椅有如下功能：座椅前后、上下调节，靠背角度调节，头枕上下、角度调节，坐垫深度调节，靠背腰托支撑调节，座椅整体旋转（360°/180°），座椅折叠、翻转等。座椅调节可以是手动的，也可以是电动的。

座椅还可以加载其他装置，使乘坐更加舒适，如坐垫加热、靠背通风等，头枕还可以装备 DVD 显示屏，方便后排的乘客观看。

2）座椅的分类

汽车座椅的分类有多种方式。

（1）按位置分：前排座椅和后排座椅。

（2）按调节功能分：手动四向、六向、八向调节座椅；电动六向、八向调节座椅；汽车八向调节座椅的调节方向如图 2-5-3 所示。

（3）按面料分：针织面料座椅、织绒面料座椅、半真皮面料座椅及真皮面料座椅等。当然，按强调部分的不同，座椅还有其他许多分类方法。

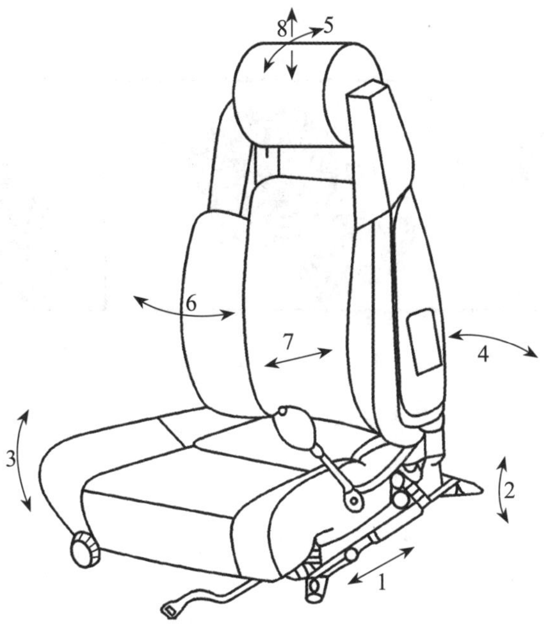

1—座椅前后调节；2—座椅后部上下调节；3—座椅前部上下调节；
4—座椅靠背倾斜调节；5—头枕前后调节；6—侧背支撑调节；7—腰部支撑调节；
8—头枕上下调节。

图2-5-3　汽车八向调节座椅的调节方向示意图

2. 汽车安全带

1）安全带的作用

安全带的作用是在车辆紧急制动或发生碰撞时，将驾驶人和乘客紧缚在座椅上，以免前冲，从而保护驾驶人和乘客免受二次碰撞造成伤害；当安全带受到的收束力超过一定限度时，安全带就会适当放松，保证人员胸部受力在一定范围之内。

汽车事故调查表明，在发生正面撞车时，如果系了安全带，可使死亡率减少 57%，侧面撞车时可减少 44%，翻车时可减少 80%。

2）安全带的工作原理

现在大多数安全带设计成在猛拉安全带时锁定卷轴，这种设计是利用卷轴旋转的速度作为激活动力。它的核心元件是一个离心式离合器（图2-5-4），它是一种安装在旋转卷轴上的偏心式摆杆机构。当卷轴缓慢旋转时，离合器杆并不摆动，一个弹簧使它保持在原来的位置。但当猛拉安全带时，卷轴将快速旋转，离心力驱使离合器杆的加重端向外摆动。

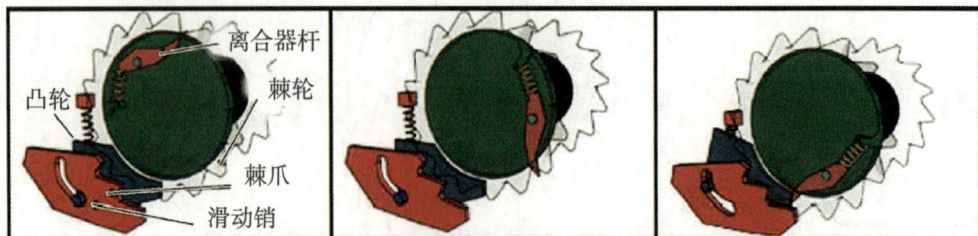

图2-5-4　离心式离合器（带锁紧装置）

甩出的离合器杆外端会推动卷收器壳上的凸轮，凸轮通过滑动销与棘爪相连。当凸轮移到左侧时，滑动销会沿棘爪的槽口移动。这会将棘爪拖入与卷轴相连的旋转棘轮，从而锁定旋转棘轮。吉利 EV450 纯电动汽车采用的就是这种形式的安全带。

3）安全带的预收紧功能

在某些新型安全带系统中，还会使用预紧器来收紧安全带。预紧器的设计理念：在发生碰撞时收紧安全带的任何松弛部分。卷收器的传统锁定机构使安全带无法进一步拉伸，而预紧器的作用则是拉回安全带。这种拉回力可将乘客移到座位中的最佳撞击位置。预紧器通常与传统锁定机构一起使用，而不是代替它们。

市场上有多种不同的预紧器系统。某些预紧器会将整个卷收器向后拉，某些则会旋转卷轴本身。通常，预紧器会连接到激活汽车安全气囊的中央控制处理器。处理器监控机械或电子运动传感器，这些传感器可响应因撞击产生的突然减速。当探测到撞击时，处理器将激活预紧器，然后激活安全气囊。某些预紧器采用了电机或螺线管，但如今多数的设计采用点火方式来拉入安全带，如图 2-5-5 所示。当燃气点燃时，压力会推动活塞上行，从而旋转卷收器。

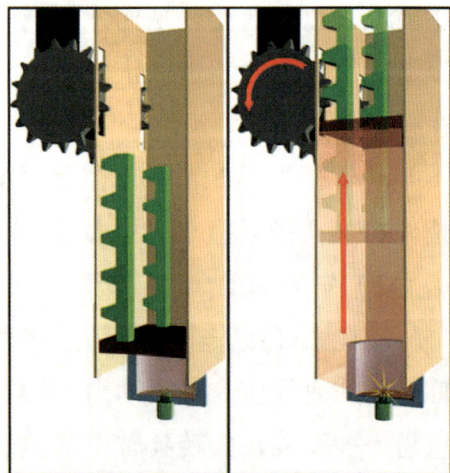

图2-5-5　点火式预紧器

这种预紧器中的核心元件是一个燃气室。在燃气室内，还有一个包含易爆点火材料的小燃烧室。这个小燃烧室带有两个电极，并连接至中央处理器。当处理器探测到撞击时，它会立即在电极上施加一个电流。电极产生的火花将点燃点火材料，从而将燃气室中的燃气点燃。燃烧的气体会产生很大的外推力，该推力推动位于燃气室内的活塞，使其高速向上运动。活塞的一侧固定有一个齿条。当活塞弹起时，齿条将与一个连接到卷收器卷轴的齿轮啮合。高速运动的齿条会快速旋转卷轴，从而卷起安全带。

拓展阅读

2.5.3 车身低压电气系统

车身低压电气系统主要包括刮水与洗涤系统、电动天窗、电动门锁、电动后视镜、电动喇叭、收音机及导航系统等

1. 刮水与洗涤系统

1）刮水系统的功用及组成

汽车刮水系统的功用是刮除风窗玻璃上的雨水、积雪、尘土和污物，为驾驶人提供良好的视野，确保行车安全，如图 2-5-6 所示。汽车刮水系统可分为电动式和气动式两种，汽车普遍采用电动刮水系统。

扫一扫

汽修刮水系统检查

图2-5-6 刮水系统的功用

电动刮水系统由刮水器和控制开关组成。刮水器由刮水电动机、传动机构、控制机构和刮水片组件组成，如图 2-5-7 所示。

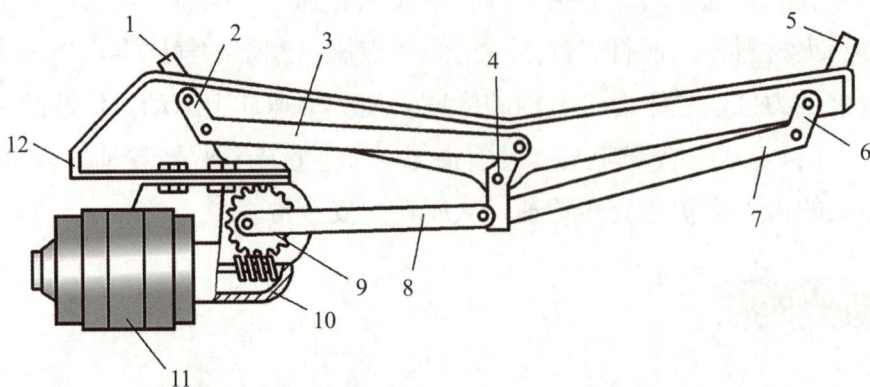

1，5—刮水片架；2，4，6—摆杆；3，7，8—连杆；9—蜗轮；
10—蜗杆；11—刮水电动机；12—支架。

图2-5-7 电动刮水器的结构

2）刮水系统的工作原理

电动机电枢轴端的蜗杆驱动装在连杆上的蜗轮，蜗轮转动带动连杆往复运动，从而带动刮水片架上的刮水片左右摆动。蜗轮蜗杆机构有降低速度、增大转矩的作用，因为驱动橡胶刮水片在风窗玻璃表面摩擦需要很大的动力，尤其风雨较大时更是如此。

电动刮水器有高、低两种工作速度。由于电动机的转速与电源电压、电枢电阻电压降、磁通及电刷间串联导体数有关，故汽车上常采用改变磁通或电刷间串联导体数的方法，对直流电动机进行变速，如图 2-5-8 所示。

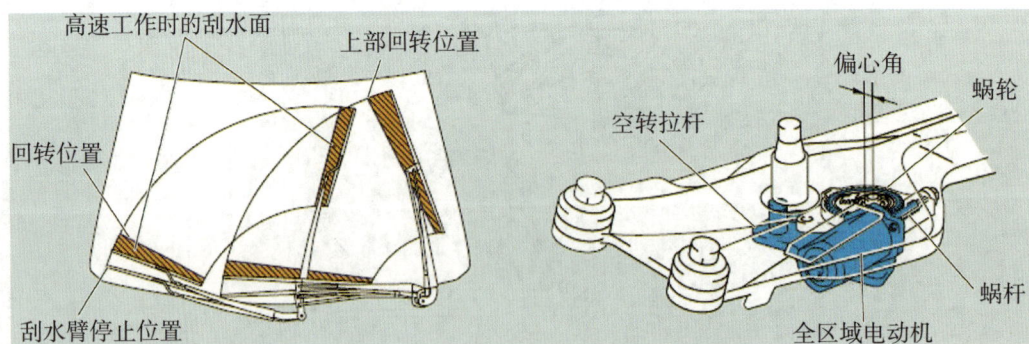

图2-5-8 刮水系统的工作原理

3）洗涤系统的功用及组成

为了清除附在风窗玻璃上的脏污，现代汽车上增设了风窗玻璃洗涤器，并与刮水器配合工作，保持驾驶人的良好视线，其组成如图2-5-9所示。

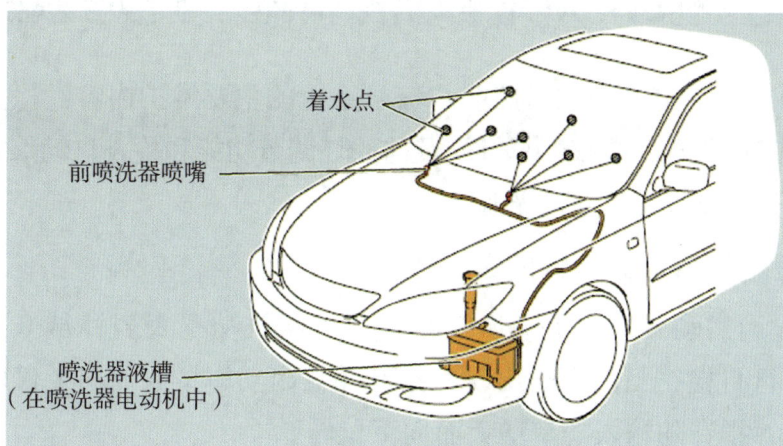

着水点

前喷洗器喷嘴

喷洗器液槽
（在喷洗器电动机中）

图2-5-9　洗涤系统的组成

2. 喇叭的类型及作用

现代汽车上都装有喇叭，用以警告行人和车辆，保证行车安全。喇叭按发音动力不同分类，有气动和电动两种。由于电动喇叭能源获取方便、结构简单、声音洪亮、音质悦耳，故广泛应用于各种类型的车辆，如图2-5-10所示。

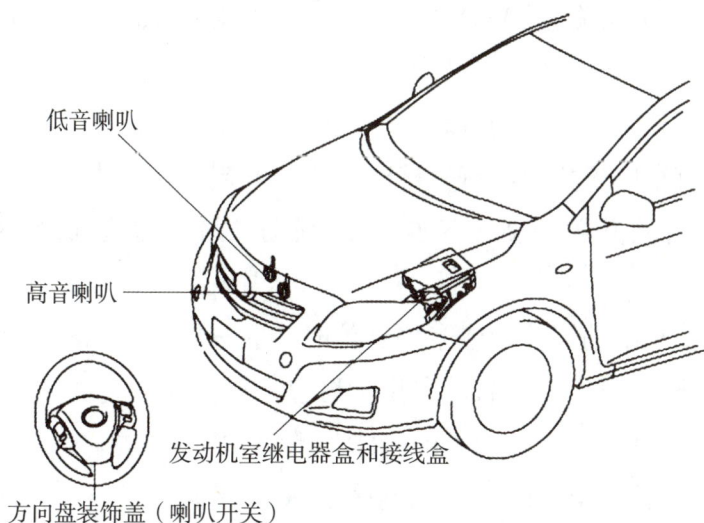

低音喇叭

高音喇叭

发动机室继电器盒和接线盒

方向盘装饰盖（喇叭开关）

图2-5-10　汽车喇叭的安装位置

2.5.4 吉利EV450纯电动汽车照明与信号系统维护

吉利 EV450 纯电动汽车照明与信号系统的主要维护内容：检查仪表各警告灯的工作状态、检查整车灯光及前照灯调节功能和检查自动灯光功能，如果有必要还要进行手动灯光调节。

1. 检查仪表各警告灯的工作状态

（1）当启动开关打到 ON 挡时，驱动电机功率表表针从 0 到 100 再回到 0 进行自检；当动力输出时，指针随输出功率增大而向上偏转；当能量回馈时，指针随输入功率增大而向下偏转。

（2）当启动开关打到 ON 挡时，前后雾灯、示廓灯和远光指示灯会点亮自检后熄灭。

（3）当启动开关打到 ON 挡时，安全气囊灯会点亮自检后熄灭。

（4）当车辆有故障时，仪表盘下部会显示：跛行指示灯、蓄电池故障指示灯、电机及控制器过热指示灯、动力电池故障指示灯、动力电池断开故障指示灯、系统故障指示灯、充电提醒灯和 EPS 故障指示灯。

（5）当启动开关打到 ON 挡时，车速表表针从 0 到 100 再回到 0 进行自检。

（6）当驾驶人未系安全带时，安全带未系指示灯点亮。

（7）当有车门未关或没有关严时，车门开启指示灯点亮。

（8）当启动开关打到 ON 挡时，制动故障指示灯点亮进行自检后熄灭。

（9）当驻车制动器拉紧或未松到位时，驻车制动器未松提示灯点亮。

（10）当转向时，左、右转向指示灯会根据方向亮起。

（11）当车辆高压上电后，READY 指示灯持续点亮。

（12）当连接充电枪时，充电连接指示灯持续点亮。

（13）当车辆充电时，车外温度提示显示车外温度。

2. 检查整车灯光及灯光调节功能

1）检查整车灯光

将启动开关打到 ON 挡时，依次检查示廓灯（前后四个）、近光灯、远光灯、前雾灯、后雾灯、左转向灯、右转向灯、双闪和制动灯，然后打开行李箱检查行李箱灯。

扫一扫

灯光检查

2）检查灯光调节功能

吉利 EV450 纯电动汽车具有近光高度调节和背光亮度调节功能，调节开关位于仪表盘左侧下方，调节开关具有四个挡位，选择不同挡位可调节近光的高度，数字越大，近光高度越低，通过调节该开关，可以将近光调节到合适高度。背光调节可以调节车厢内所有背景灯灯光亮度。

3）检查自动灯光功能

自动灯光功能：将灯光调节开关旋至 AUTO 位置，前照灯在黑暗环境中会自动点亮，当环境亮度变好后前照灯会自动熄灭。检查自动灯光功能的方法：

（1）将启动点火钥匙置于 ON 位置。

（2）将灯光调节开关旋至 AUTO 位置。

（3）检查当雨量光照传感器检测到光照较暗时，前照灯是否自动点亮，雨量光照传感器位于前风窗玻璃中间上方。

（4）检查当雨量光照传感器检测到光照较亮时，前照灯是否自动熄灭。

4）手动灯光调节

当检查到灯光自动调节功能不能将灯光调整到恰当位置时，就需要进行手动调节。手动前照灯调节螺栓的位置如图 2-5-11 所示。

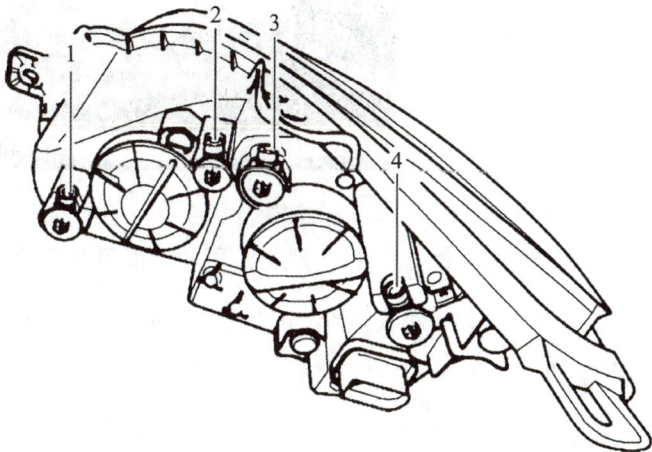

1—远光灯左右调节螺栓；2—远光灯上下调节螺栓；
3—近光灯上下调节螺栓；4—近光灯左右调节螺栓。

图2-5-11　手动前照灯调节螺栓的位置

手动调节灯光的方法：用合适的十字螺钉旋具旋转各灯光调节螺栓，从而进行灯光的左右、上下调节。

2.5.5　吉利EV450纯电动汽车座椅及安全带系统维护

汽车座椅及安全带系统的主要维护内容：检查座椅调整功能、检查安全带状态、检查安全气囊外壳是否损坏等。

扫一扫
[二维码]
安全带检查

检查座椅调整功能及安全带状态的作业流程：

（1）打开驾驶人侧车门并安装三件套。

（2）检查驾驶人座椅靠背角度调节功能、前后调节功能，座椅前后调节扳手及靠背角度调节扳手位置如图2-5-12所示。

A—座椅前后调节扳手；B—座椅靠背角度调节扳手。

图2-5-12　座椅前后调节扳手及靠背角度调节扳手位置

（3）将驾驶人侧安全带从自动回卷装置中缓慢地拉出并放松，检查其回卷功能。如果安全带拉出或回卷时发生故障，则进行相应修理。

（4）将驾驶人侧安全带从自动回卷装置中快速地拉出，检查其锁止功能。如果没有锁止功能，则整体更换安全带。

（5）关闭驾驶人侧车门，打开左后车门。

（6）检查后排座椅有无松旷。

（7）用同样的方法检查左后安全带。

（8）关闭左后车门，打开右后车门。

（9）检查后排座椅有无松旷。

（10）用同样的方法检查右后安全带。

（11）关闭右后车门，打开副驾驶侧车门。

（12）检查副驾驶位座椅靠背角度调节功能、前后调节功能。

（13）用同样的方法检查副驾驶位安全带。

（14）关闭副驾驶侧车门。

2.5.6　吉利EV450纯电动汽车车身低压电器维护

吉利 EV450 纯电动汽车车身低压电器的维护内容主要包括洗涤系统检漏与洗涤液添加、洗涤液冰点测试、刮水片检查与更换、检查各低压电器的功能。如果有必要还要进行洗涤液喷嘴调节。

1. 洗涤系统检漏与洗涤液添加

洗涤系统检漏与洗涤液添加的步骤：

（1）举升车辆。

（2）观察洗涤液箱有无渗漏，如有渗漏，则视情况进行维修。

（3）降下车辆。

（4）打开机舱盖并安装翼子板布、格栅布。

（5）观察洗涤液水箱液位，如果水位低于 MAX，则打开洗涤液箱盖并添加洗涤液到 MAX 处。

（6）进行洗涤液冰点测试，保证洗涤液在此时的环境温度下不结冰。

（7）取下格栅布、翼子板布。

（8）关闭机舱盖。

2. 洗涤液冰点测试

1）冰点测试仪调零

（1）将冰点测试仪（图 2-5-13）前部对准光亮的方向，用调节手轮调节目镜的折光度，直到能看到清楚的刻度。

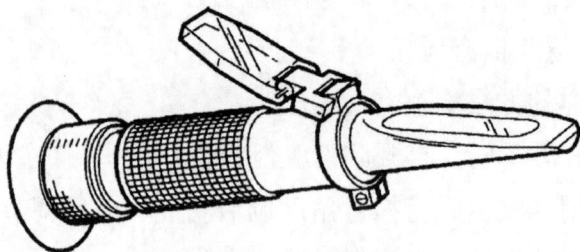

图2-5-13　冰点测试仪

（2）打开冰点测试仪盖板，在棱镜的表面滴一到两滴蒸馏水，盖上盖板并轻轻压平。

（3）调节调节螺钉，使得明暗分界线和零刻度线一致。

2）测量洗涤液冰点

（1）打开机舱盖并铺设翼子板布、格栅布。

（2）打开冰点测试仪盖板，将棱镜表面和盖板上的水分用纱布擦拭干净。

（3）打开洗涤液箱盖，用吸管吸取少许洗涤液。

（4）滴一到两滴洗涤液到棱镜表面上，盖上盖板，轻轻压平。

（5）从明暗分界线的刻度上读出数值，该数值就是洗涤液的冰点。

（6）测量完成后，用布把棱镜和盖板表面上的液体擦干净。

（7）等棱镜和盖板表面晾干之后，将冰点测试仪收好。

（8）盖上洗涤液箱。

（9）取下格栅布、翼子板布，关闭机舱盖。

3. 低压电器功能检查

（1）检查中控门锁功能：按动中控门锁开关，门锁应能正常开闭。

（2）打开车门并安装三件套。

（3）将启动开关置于 ACC 位。

（4）检查电动车窗功能：按动左前门电动车窗开关，左前门电动车窗应能正常开闭；其他车窗也用此方法进行检查。

（5）检查电动后视镜调整功能：当后视镜调整旋钮位于 O 位置时，可关闭、打开后视镜；当后视镜调整旋钮位于 L 位置时，可调节左侧后视镜镜面角度；当后视镜调整旋钮位于 R 位置时，可调节右侧后视镜镜面角度。

（6）检查喇叭。

（7）检查收音机及导航功能：打开中控台，检查收音机及导航能否正常使用。

（8）检查前风窗玻璃刮水器，如果刮水片停留位置不正确，则应进行调整。

（9）检查前风窗玻璃刮水器的雨量感应功能，雨量光照传感器位于前风窗玻璃中间上方。

（10）检查后风窗玻璃刮水器，如果喷水角度不正确，则应进行调整。

（11）检查天窗：将启动开关置于 ON 位置，检查天窗功能。如有卡滞等现象，则应对天窗滑轨进行清洁并涂抹适量润滑脂。

（12）关闭启动开关并拔下车钥匙。

单元小结

（1）汽车照明灯根据安装位置和用途不同，一般可分为外部照明灯、内部照明灯。外部照明灯主要有前照灯、防雾灯、牌照灯等；内部照明灯主要有仪表照明灯、阅读灯、顶灯等。

（2）汽车信号灯分为外信号灯和内信号灯，外信号灯指转向指示灯、制动灯、尾灯、示廓灯、倒车灯，内信号灯泛指仪表板的指示灯，主要有转向、机油压力、充电、制动、关门提示等。

（3）一般来说，座椅有如下功能：座椅前后、上下调节，靠背角度调节，头枕上下、角度调节，坐垫深度调节，靠背腰托支撑调节，座椅整体旋转（360°/180°），座椅折叠、翻转等。

（4）汽车安全带的作用是在车辆紧急制动或发生碰撞时，将驾驶人和乘客紧缚在座椅上，以免前冲，从而保护驾驶人和乘客避免受二次碰撞造成的伤害；当安全带受到的收束力超过一定限度时，安全带就会适当放松，保证人员胸部受力在一定范围之内。

任务工单2.5　纯电动汽车车身维护与保养

任务名称	纯电动汽车车身维护与保养	学时	4	班级	
学生姓名		学生学号		任务成绩	
实训设备、工具及仪器	吉利 EV450 纯电动汽车 4 辆，车间安全用具 4 套，个人安全防护用具 4 套，冰点测试仪 4 个	实训场地	理实一体化教室	日期	
客户任务描述	一辆吉利 EV450 纯电动汽车，距离下次维护还有 200 km，现在要进行车身的维护				
任务目的	能够正确检查整车灯光，能进行灯光调节，正确规范地检查座椅调节功能及安全带工作状况，检查洗涤液渗漏及冰点，检查车身低压电器工作情况				

一、资讯

（1）汽车照明灯是汽车夜间行驶必不可少的照明设备，为了提高汽车的行驶速度确保夜间行车的安全，汽车上装有多种照明设备。汽车照明灯根据安装位置和用途不同，一般可分为_____、_____。外部照明灯主要有_____、防雾灯、_____等；内部照明灯主要有_____、阅读灯、_____等。

（2）补充完整下方吉利 EV450 纯电动汽车的照明灯系统。

种类	外部照明灯		内部照明灯		
	前照灯	雾灯	顶灯	仪表灯	行李箱灯
工作时的特点	白色常亮（远、近光变化）				
用途		用于照亮汽车尾部牌照			

（3）汽车信号灯分为_____和_____，外信号灯指_____、_____、尾灯、_____、倒车灯，内信号灯泛指仪表板的指示灯，主要有转向、机油压力、充电、制动、关门提示等。

（4）一般来说，座椅有如下功能：_____，上下调节，_____，_____，角度调节，坐垫深度调节，_____，座椅整体旋转（360°/180°），_____等。

（5）汽车安全带的作用是在车辆紧急制动或发生碰撞时，将驾驶人和乘客_____，以免前冲，从而保护驾驶人和乘客避免_____造成的的伤害；当安全带受到的收束力超过一定限度时，安全带就会_____，保证人员_____在一定范围之内。

（6）吉利EV450纯电动汽车照明与信号系统的维护内容主要包括检查_____、_____、检查前照灯调节功能和_____，如果有必要还要进行手动灯光调节。

二、计划与决策

请根据任务要求，确定所需要的检测仪器、工具，并对小组成员进行合理分工，制订详细的工作计划。

1. 需要的检测仪器、工具

2. 小组成员分工

3. 计划

三、实施

1. 检查整车灯光及灯光调节功能

2. 手动灯光调节

3. 检查座椅及安全带功能

4．洗涤系统检漏与洗涤液添加

5．洗涤液冰点测试

6．低压电器功能检查

四、检查

（1）检查整车灯光：_____。

（2）检查洗涤液冰点：_____。

五、评估

1.请根据自己任务完成的情况，对自己的工作进行自我评估，并提出改进意见

（1）_____

_____。

（2）_____

_____。

（3）_____

_____。

2.工单成绩（总分为自我评价、组长评价和教师评价得分值的平均值）

自我评价	组长评价	教师评价	总分

学习情境 3

混合动力汽车保养与维护

学习目标

◆ 能正确对混合动力汽车进行日常维护作业。

◆ 能快速规范地完成发动机机油和机油滤清器的更换。

◆ 能快速规范地完成发动机冷却液的更换。

◆ 能快速规范地完成减速驱动桥油的添加或更换。

◆ 能准确规范地进行辅助蓄电池及其充电系统的检查
作业。

◆ 能正确规范地完成混动汽车制动系统的保养作业。

◆ 能正确规范地完成混动汽车空调系统的保养作业。

◆ 能熟练地使用冰点测试仪对冷却液、玻璃水进行冰点
测试。

◆ 能根据环保要求，正确处理对环境和人体有害的辅
料、废液和损坏的零部件。

混合动力汽车日常保养

任务导入

小王为丰田某4S店销售接待，今天有一客户想购买1辆混动卡罗拉轿车。客户询问小王："混动卡罗拉的保养项目有哪些？日常使用时要怎么进行保养？"你知道混动卡罗拉的保养项目有哪些吗？日常使用中又要进行哪些保养呢？

学习目标

（1）能够正确向客户讲解混动卡罗拉日常保养的项目及注意事项。

（2）能够正确向客户讲解混动卡罗拉定期保养的项目及周期。

（3）能够正确完成混动卡罗拉的电子钥匙电池更换。

（4）能够正确完成轮胎换位。

（5）能够正确操作车辆，做好维修/维护前车辆防护。

理论知识

3.1.1 混合动力汽车的保养计划

燃油汽车、纯电动车和混动汽车在动力系统上有很大的区别，燃油汽车的动力系统包括传统发动机在内的复杂机械结构，纯电动车只有电机系统，而混动汽车则同时拥有两个系统。对于混动汽车而言，其保养工作大致相当于保养两个系统：燃油系统和电机系统。对于燃油系统，需要更换机油，保养皮带等；而对于电机系统，只需要定期对电机和电池组进行常规检查和相应清洁工作即可。当然，混动汽车除了要对以上两个系统进行保养外，还需要对汽车进行日常保养。例如，更换空调滤芯，更换防冻液和制动液；每50 000 km 更换变速箱油；每次保养检查底盘、灯光、轮胎等。虽然混动汽车需要对两个系统进行保养，但由于除长途出行外，一般情况下都是使用混动模式，因此其燃油系统的保养频率低于普通燃油汽车，电机系统的保养费用远低于燃油系统，所以混动汽车的维护成本与传统的内燃机车类似。在对混动汽车进行保养时，最好选择正规 4S 店，按照厂家的建议周期进行保养，一切按照正常流程操作即可。我们以混动卡罗拉为例来看一下混动汽车的保养计划。

混动卡罗拉的保养计划和保养内容如表 3-1-1 所示，表中 I 表示检查，R 表示更换、更改或润滑。保养计划中的主要保养内容：发动机基本部件的保养、点火系统的保养、燃油和排放控制系统的保养、底盘和车身的保养。保养间隔以里程表读数或月数确定，以先到者为准。

表 3-1-1　混动卡罗拉的保养计划和保养内容

保养部件	里程表读数（10 000 km）									月数
	0.1	1	2	3	4	5	6	7	8	
发动机基本部件										
发动机机油		R	R	R	R	R	R	R	R	12
机油滤清器		R	R	R	R	R	R	R	R	12
冷却和加热系统			I		I		I		I	注1
发动机冷却液									I	注2
动力控制单元冷却液									I	注3
排气管和装配件			I		I		I		I	12
点火系统										
火花塞	每行驶 100 000 km 更换一次									—
12 V 蓄电池		I	I	I	I	I	I	I	I	12
燃油和排放控制系统										
燃油滤清器									R	96
空气滤清器				I		R		I		R	I: 24 R: 48

保养部件	里程表读数（10 000 km）									月数
	0.1	1	2	3	4	5	6	7	8	
燃油箱盖、燃油管路、接头和燃油蒸气控制阀			I		I		I		I	注1
炭罐			I						I	24
底盘和车身										
制动踏板和驻车制动器	I	I	I	I	I	I	I	I	6
制动衬块和制动盘	I	I	I	I	I	I	I	I	6
制动液	I	I	I	R	I	I	I	R	I: 6 R: 12
制动管及软管			I		I		I		I	12
方向盘、转向传动机构和转向器壳			I		I		I		I	12
驱动轴套			I		I		I		I	24
悬架球头和防尘套			I		I		I		I	12
变速器油					I				I	24
前、后悬架			I		I		I		I	12
轮胎和轮胎气压	I	I	I	I	I	I	I	I	6
车灯、喇叭、刮水器和喷洗器	I	I	I	I	I	I	I	I	6
空调滤清器			R		R		R		R	—
空调制冷剂量			I		I		I		I	12

　　注1：行驶 80 000 km 或 48 个月后检查一次，之后每行驶 20 000 km 或每隔 12 个月检查一次。

　　注2：行驶 160 000 km 更换一次，之后每行驶 80 000 km 更换一次。

　　注3：行驶 240 000 km 更换一次，之后每行驶 80 000 km 更换一次。

　　如果车辆工作在以下一种或多种特殊条件下，则需要更加频繁地执行保养计划中的某些项目，以使车辆保持良好状态，特殊路况和行驶条件如表 3-1-2 所示。

表 3-1-2　混动卡罗拉特殊路况和行驶条件

路况	行驶条件
在颠簸、泥泞或融雪道路上行驶	重载车辆（例如：使用车顶行李架等）
	反复进行 8 km 以内的短距离行驶且车外温度保持在零摄氏度以下（发动机温度将不会达到正常温度）
在多尘道路上行驶（非铺装、铺装率低或经常尘土飞扬且空气干燥区域的道路）	长时间怠速和 / 或长距离低速行驶，例如：警车、出租车或上门送货车
	持续高速行驶（最高车速的 80% 或更高）超过 2 h

在特殊行驶条件下需要更加频繁地执行常规保养计划项目，如表 3-1-3 所示。

表 3-1-3　在特殊行驶条件下需更加频繁地执行常规保养计划项目

项目	保养计划
A-1：在颠簸、泥泞或融雪道路上行驶	
检查制动衬块和制动盘	每行驶 5 000 km 或每隔 3 个月
检查制动管和软管	每行驶 10 000 km 或每隔 6 个月
检查悬架球头和防尘罩	每行驶 10 000 km 或每隔 6 个月
检查驱动轴套	每行驶 10 000 km 或每隔 12 个月
检查方向盘、转向机构和转向器壳	每行驶 5 000 km 或每隔 3 个月
检查前、后悬架	每行驶 10 000 km 或每隔 6 个月
紧固底盘和车身上的螺栓和螺母①	每行驶 10 000 km 或每隔 6 个月
A-2：在多尘道路上行驶（非铺装、铺装率低或经常尘土飞扬且空气干燥区域的道路）	
更换发动机机油	每行驶 5 000 km 或每隔 6 个月
更换发动机机油滤清器	每行驶 5 000 km 或每隔 6 个月
检查或更换空气滤清器滤芯	检查：每行驶 2 500 km 或每隔 3 个月 更换：每行驶 40 000 km 或每隔 48 个月
检查制动衬块和制动盘	每行驶 5 000 km 或每隔 3 个月
更换空调滤清器	每行驶 15 000 km
B-1：重载车辆（如使用车顶行李架等）	
更换发动机机油	每行驶 5 000 km 或每隔 6 个月
更换发动机机油滤清器	每行驶 5 000 km 或每隔 6 个月
检查制动衬块和制动盘	每行驶 5 000 km 或每隔 3 个月

续表

项目	保养计划
检查或更换变速器油	检查：每行驶 40 000 km 或每隔 24 个月 更换：每行驶 80 000 km 或每隔 48 个月
检查前、后悬架	每行驶 10 000 km 或每隔 6 个月
紧固底盘和车身上的螺栓和螺母	每行驶 10 000 km 或每隔 6 个月
B-2：反复进行 8 km 以内的短距离行驶且车外温度保持在 0℃ 以下（发动机温度将不会达到正常温度）	
更换发动机机油	每行驶 5 000 km 或每隔 6 个月
更换发动机机油滤清器	每行驶 5 000 km 或每隔 6 个月
B-3：长时间怠速和/或长距离低速行驶，如警车、出租车或上门送货车	
更换发动机机油	每行驶 5 000 km 或每隔 6 个月
更换发动机机油滤清器	每行驶 5 000 km 或每隔 6 个月
检查制动衬块和制动盘	每行驶 5 000 km 或每隔 3 个月
B-4：持续高速行驶（最高车速的 80% 或更高）超过 2 h	
检查或更换变速器油	检查：每行 40 000 km 或每隔 24 个月 更换：每行驶 80 000 km 或每隔 48 个月

注：①座椅安装螺栓及前、后悬架横梁固定螺栓。

3.1.2　汽车的日常保养

日常保养是由驾驶员每日出车前、行车中和收车后负责执行的车辆保养/维护作业。其作业中心内容是清洁、补给和安全检视。车辆的日常维护是驾驶员必须完成的日常性工作，其主要内容：

（1）坚持"三检"，即出车前、行车中、收车后检视车辆的安全机构及各部机件连接的紧固情况。

（2）保持"四清"，即保持机油、空气、燃油滤清器和蓄电池的清洁。

（3）防止"四漏"，即防止漏水、漏油、漏气、漏电。

（4）保持车容整洁。

3.1.3 混动卡罗拉日常保养的注意事项

发动机舱内有大量机械装置和油液，它们可能突然移动、变热或开始通电，为避免发生严重伤害甚至死亡，请遵守下列注意事项。

1. 对发动机舱实施作业时

（1）确保多信息显示屏上的"电源打开"消失且"READY"指示灯熄灭。

（2）保持双手、衣服和工具远离转动的风扇和发动机传动皮带。

（3）不要在驾驶后马上触摸发动机、动力控制单元、散热器、排气歧管等，因为它们可能很烫。机油和其他油液也可能很烫。

（4）请勿将诸如纸张和抹布之类的易燃物留在发动机舱内。

（5）请勿吸烟或将明火暴露在燃油附近。燃油和发动机舱内挥发的气体是易燃物。

（6）处理制动液时务必小心，因为制动液可能伤害双手或眼睛，也会对漆面造成损伤。

2. 在电动冷却风扇或散热器格栅附近作业时

要确保电源开关关闭。电源开关处于 ON 模式时，如果空调打开和／或冷却液温度很高，则电动冷却风扇可能会自动开始运转。

3. 佩戴护目镜

佩戴护目镜，以防飞起或落下的物体及喷出的液体等伤到眼睛。

4. 已经拆除空气滤清器滤芯时

在已经拆除空气滤清器滤芯的情况下驾驶会导致空气中的污物进入发动机，造成发动机过度磨损。

5. 如果油液液位过低或过高

（1）如果储液罐油液经常过低，需要频繁加注，则可能存在严重故障。

（2）制动衬块磨损或蓄压器中液位较高时，制动液液位会略有下降，这是正常现象。

3.1.4　混动卡罗拉日常保养的内容

1. 车外的日常保养内容

混动卡罗拉车外的日常保养项目如表 3-1-4 所示，主要检查位置有轮胎及车轮、车门及发动机罩、挡风玻璃及刮水片、车下。

表 3-1-4　混动卡罗拉车外的日常保养项目

检查位置	检查项目	处理方法
轮胎及车轮	轮胎气压	如有必要，则进行调节
	检查轮胎表面是否存在开口，损坏或过度磨损	
	检查车轮螺母是否松动或缺失	如有必要，则拧紧螺母
	轮胎换位	根据用户手册进行轮胎换位
车门及发动机罩	检查并确认所有车门和发动机罩都能顺畅操作并所有锁栓 / 扣都牢固锁止	
	松开主锁栓时，检查并确认发动机罩副锁栓能够防止发动机打开	
挡风玻璃及刮水片	检查挡风玻璃是否有划痕、凹痕或磨损	
	检查刮水片能否将挡风玻璃清洁干净	
	检查其刮水片是否磨损或破裂	如有必要，则将其更换
车下	检查车下是否有液体泄漏，包括燃油、机油、冷却液和其他液体	如果闻到燃油味或发现任何泄漏，则检查原因并进行纠正

2. 车内的日常保养内容

混动卡罗拉车内的日常保养项目如表 3-1-5 所示，主要检查位置有灯光及喇叭，挡风玻璃刮水器、清洗器和除霜器，后视镜和遮阳板，方向盘，座椅及安全带，加速踏板、制动踏板，制动系统，混合动力传动桥"驻车"机构，地板垫。

表 3-1-5　混动卡罗拉车内的日常保养项目

检查位置	检查项目	处理方法
灯光及喇叭	检查并确认前照灯、刹车灯、尾灯、转向信号灯和其他车灯正常点亮或闪烁，同时检查其照明亮度是否足够	
	检查并确认前照灯对光准确	
	检查并确认所有警告灯和蜂鸣器都工作	
	检查喇叭是否正确工作	
挡风玻璃刮水器、清洗器和除霜器	检查并确认清洗器正确对准	
	检查并确认清洗液正好喷射到挡风玻璃上每个刮水器工作范围的中心	如有必要，调整喷嘴
	检查刮水器是否有条纹	如有必要，则将其更换
	空调处于除霜器设置时，检查并确认除霜器出口出风	
后视镜和遮阳板	检查并确认后视镜安装牢固	
	检查并确认遮阳板能自由移动并牢固安装	
方向盘	检查并确认方向盘的自由行程是否正确	如果自由行程超过最大值，则需要检查转向系统
	检查是否转向困难并发出异常噪声	
座椅及安全带	检查并确认座椅调节器、座椅靠背倾角调节器和其他座椅控制器平稳工作	
	检查并确认所有位置的锁栓都牢固锁定	
	检查并确认头枕能上下平稳移动	
	检查并确认座椅安全带零部件（如锁扣、卷收器和锚定器）能正常平稳地工作	
	检查并确认安全带没有切口、磨损或损坏	
加速踏板、制动踏板	检查并确认加速踏板操作顺畅，检查并确认加速踏板的阻力均匀并且不会卡在某位置	
	检查并确认制动踏板操作顺畅	
	检查并确认制动踏板具有正确的行程余量和自由行程	

续表

检查位置	检查项目	处理方法
制动系统	检查驻车制动杠杆行程	
	检查并确认在缓坡上仅用驻车制动器就可以停稳车辆	
	在安全的地方检查并确认施加制动时车身不向某侧跑偏	
混合动力传动桥"驻车"机构	检查 P 位置开关的工作情况	
	检查并确认通过操作换挡杆可解除驻车挡	
	车辆处于缓坡上时，选择驻车挡并松开所有制动器，检查并确认车辆能够停稳	
地板垫	检查并确认使用正确的地板垫且安放正确	如有必要，则进行调整

3. 发动机罩下部的日常保养内容

混动卡罗拉发动机罩下部的日常保养项目如表 3-1-6 所示，主要检查项目有各油液、散热器及软管和排气系统。

表 3-1-6 混动卡罗拉发动机罩下部的日常保养项目

检查位置	检查项目	处理方法
油液	检查挡风玻璃清洗液是否足够	如有必要，则进行添加
	检查并确认发动机冷却液液位处于透明储液罐的"FULL"和"LOW"刻度之间	如有必要，则进行添加
	检查逆变器冷却液液位	如有必要，则进行添加
	检查蓄电池电解液处于外壳的上下刻度线之间	
	检查并确认制动液液位处于透明储液罐的上刻度线附近	如有必要，则进行添加
	检查并确认将电源开关置于 OFF 时发动机机油油位处于机油尺的满油位和低油位标记之间	如有必要，则进行添加
散热器与软管	检查并确认散热器前部干净，且未被树叶、灰尘和昆虫堵塞	必要时清洁散热器
	检查散热器和软管是否出现损坏、腐蚀、泄漏等	
排气系统	目视检查是否存在严重腐蚀、破裂、有洞或支架松动	

发动机罩下部日常保养项目对应的位置如图 3-1-1 所示。

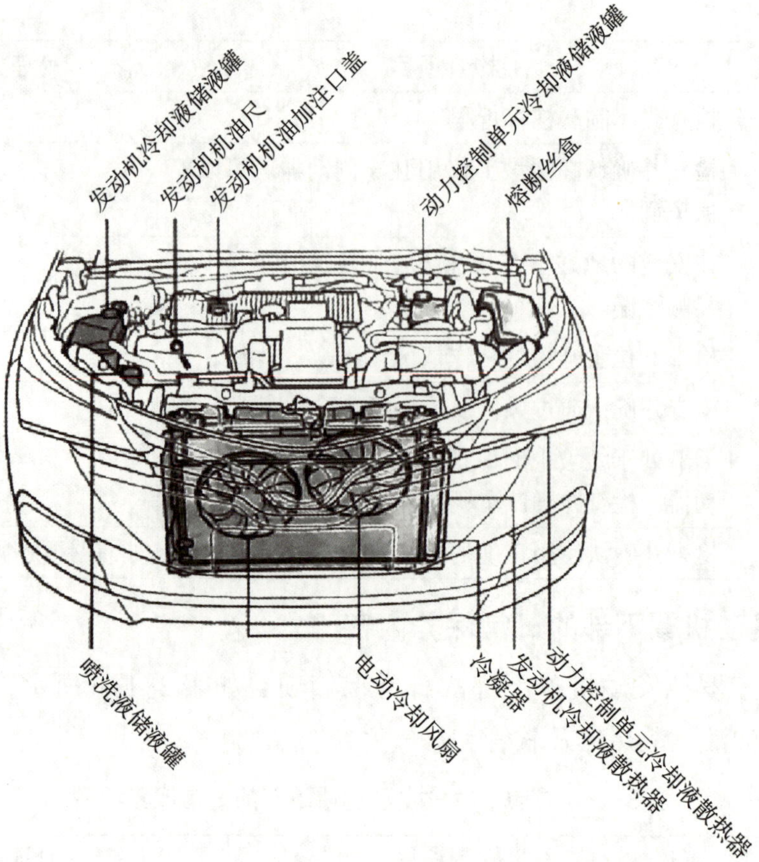

图3-1-1　发动机罩下部日常保养项目对应的位置

实践技能

3.1.5　发动机舱内日常保养

1. 检查机油油位操作步骤

检查发动机机油时，要保证发动机处于工作温度且已经关闭。

1）打开发动机盖

（1）拉起发动机盖锁释放杆，发动机盖锁释放杆在驾驶室左前方，如图 3-1-2 所示。

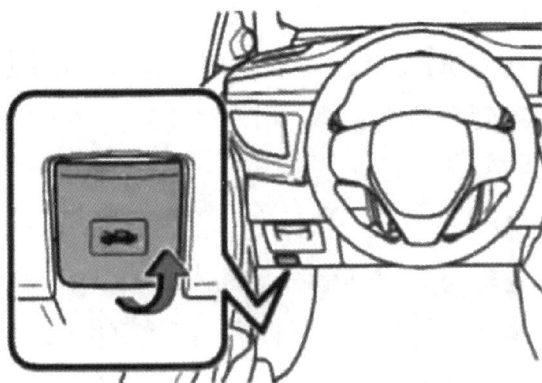

图3-1-2　发动机盖锁释放杆位置

（2）向上拉起辅助卡钩把手（图 3-1-3）并提起发动机盖。

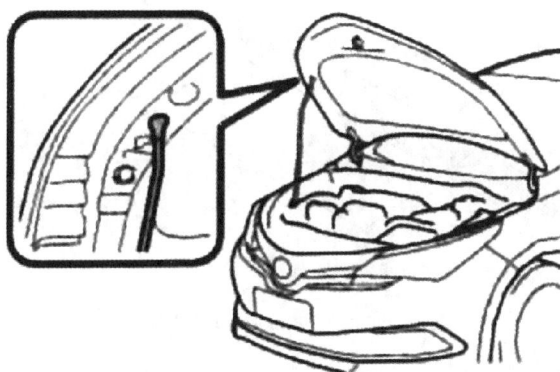

图3-1-3　辅助卡钩把手位置及解锁方向

（3）将支撑杆插入槽内，使发动机盖保持打开状态，如图 3-1-4 所示。

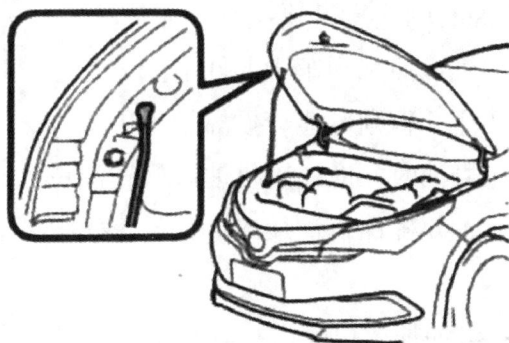

图3-1-4　安装支撑杆

2）暖机

将车辆停放在水平地面上，发动机暖机并关闭混合动力系统后等待 5 min，以使机油回流到发动机底部。

3）检查机油油位

（1）在机油尺端部下方放一块抹布，拉出机油尺。

（2）将机油尺擦干净，并重新完全插入。

（3）在机油尺端部下方放一块抹布，重新拉出机油尺并检查油位，如图 3-1-5 所示。其中，①表示低油位，需要适当添加；②表示正常油位；③表示高油位，需要吸出部分机油。

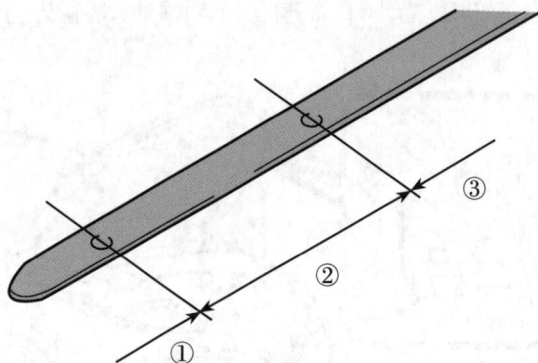

图3-1-5　机油尺油位刻度

（4）擦净机油尺后再重新完全插入。

2. 添加发动机机油

如果机油油位低于或接近低油位标记，则添加与发动机内现有机油类型相同的机油。添加机油时的注意事项：

（1）不要让发动机机油溅到车辆部件上。

（2）避免过量加注，否则可能会损坏发动机。

（3）给车辆加注机油时，应先用机油尺检查油位。

（4）加注完成后，要确保机油加注口盖已正确拧紧。

添加机油的步骤：

（1）逆时针转动机油加注口盖以将其拆下，机油加注口位置如图 3-1-6 所示。

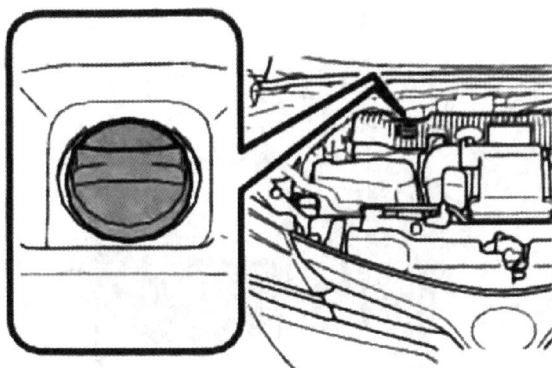

图3-1-6　机油加注口位置

（2）缓慢添加发动机机油并检查机油尺。

（3）顺时针转动以安装机油加注口盖。

3.冷却液检查及添加

1）检查冷却液液位

如果混合动力系统冷机时储液罐中的冷却液液位在满（FULL 或 F）和低（LOW 或 L）标志线之间,则表示冷却液液位正常。如果液位未超过低（LOW 或 L）标志线,则要添加冷却液至满（FULL 或 F）标志线。

发动机冷却液储液罐盖及标志线如图 3-1-7 所示。

图3-1-7　发动机冷却液储液罐盖及标志线

动力控制单元冷却液储液罐盖及标志线如图 3-1-8 所示。

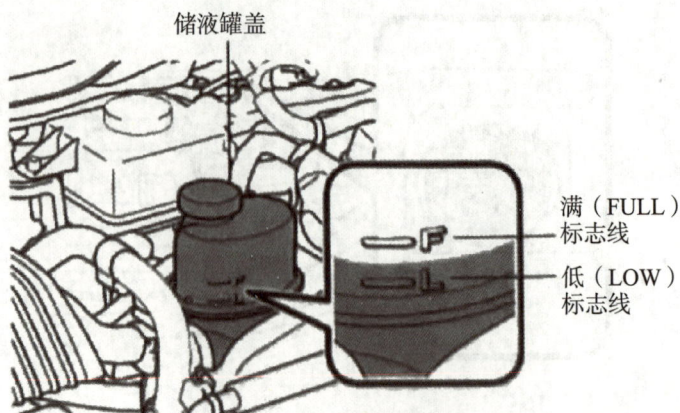

图3-1-8　动力控制单元冷却液储液罐盖及标志线

2）添加冷却液

警告：当混合动力系统很热时，请勿拆卸发动机／动力控制单元冷却液储液罐盖，冷却系统内部可能存在压力，如果拆下储液罐盖，则可能喷出滚烫的冷却液，从而导致烫伤等。

仅可使用车辆规定的冷却液，添加时要防止冷却液溅出。

注意：如果补充冷却液后不久液位就下降，则要进行以下操作。

目视检查散热器、软管、发动机／动力控制单元冷却液储液罐、放水开关及水泵是否泄漏。如果发现泄漏，则需要进行相应处理。如果未发现泄漏，则需要到丰田4S店检查冷却系统是否泄漏。

3.1.6　车内日常保养

1.检查各警告灯等警告信息

开车前检查仪表盘各警告灯状态，如果出现警告灯常亮，则需要进行相应处理，主要警告灯及出现时的处理方法如表3-1-7所示。

表 3-1-7　主要警告灯及出现时的处理方法

警告灯	名称	处理方法
!	制动系统警告灯	立即将车辆停在安全地点并联系经销店
(!)	制动系统警告灯（呈黄色）	立即联系经销店检查车辆
充电电池图标	充电系统警告灯	立即将车辆停在安全地点并联系经销店
机油壶图标	发动机油压不足警告灯	立即将车辆停在安全地点并联系经销店
发动机图标	故障指示灯	立即联系经销店检查车辆
水温图标	发动机冷却液温度过高警告灯	立即联系经销店检查车辆
气囊图标	安全气囊警告灯	立即联系经销店检查车辆
ABS	ABS 指示灯	立即联系经销店检查车辆
方向盘图标	电动转向系统警告灯（警告蜂鸣器）	立即联系经销店检查车辆
前照灯图标	前照灯光束高度自动调节系统警告灯	立即联系经销店检查车辆
加油站图标	燃油指示灯	给车辆加注燃油
安全带图标	安全带提示灯（警告蜂鸣器）	请系紧安全带
打滑图标	TCS 系统指示灯亮，说明 TCS 系统已经关闭	请联系经销店检查车辆
⚠	主警告灯	请联系经销店检查车辆

2. 更换电子钥匙电池

如果电子钥匙电池电量不足可能会出现：

（1）智能进入和启动系统、按钮式启动及无线遥控不能正常使用。

（2）有效工作范围变小。

更换电子钥匙电池的流程：

（1）取出机械钥匙，如图 3-1-9 所示，按箭头方向拨动锁止钮，拉出机械钥匙。

图3-1-9　混动卡罗拉机械钥匙的取出方法

（2）拆下钥匙外壳，如图 3-1-10 所示，用布包住一字螺丝刀头部，以防损坏钥匙。

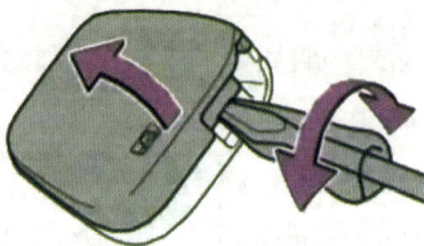

图3-1-10　拆下钥匙外壳

（3）取下电路板（图 3-1-11），电池在电路板的后面。

图3-1-11　电子钥匙电路板

（4）换下电量耗尽的电池，换上新电池，使正极朝上。

（5）安装电路板。

（6）安装外壳并插入机械钥匙。

扫一扫

汽修更换电子钥匙电池

3.1.7　车外日常保养

1. 检查轮胎

（1）检查轮胎外胎磨损标记，如图 3-1-12 所示；如果轮胎上显示已经磨到外胎磨损标记，则需要更换轮胎。外胎磨损标记的位置由模压在各轮胎侧壁上的"△"标记或"TWI"进行指示。

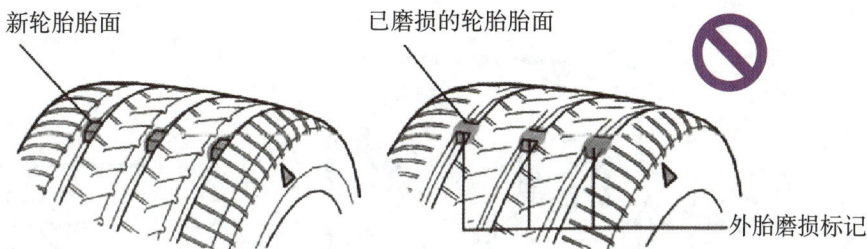

新轮胎胎面　　已磨损的轮胎胎面

外胎磨损标记

图3-1-12　混动卡罗拉新轮胎胎面及磨损轮胎胎面

（2）检查胎压和备胎状况，轮胎的标准气压为 2.3 bar。为确保适当的轮胎气压，每月应至少检查一次胎压。丰田公司建议每两周检查一次胎压。

扫一扫

轮胎花纹深度及
胎压测量

注意：

①检查胎压时注意，要检查轮胎处于冷态时的气压。因为行驶后轮胎内产生热量，会使轮胎气压升高，所以此时检查不能测出准确值。

②检查后务必重新装好气门嘴盖。如果未安装气门嘴盖，污物或湿气可能进入气门嘴并导致漏气，从而造成轮胎气压降低。

2. 轮胎换位

轮胎换位的顺序如图 3-1-13 所示，丰田公司建议每行驶约 10 000 km 进行一次轮胎换位。

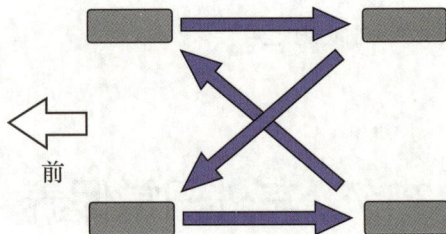

图3-1-13　轮胎换位的顺序

注意：

（1）安装车轮螺母时，务必使其锥形端朝内，如图 3-1-14 所示。如果锥形端朝外安装，则会造成车轮损坏，甚至可能会在行驶过程中脱落造成事故，导致乘员受到严重伤害甚至死亡。

锥形部位

扫一扫

车轮换位

图3-1-14　安装车轮螺母时要使锥面向外

（2）切勿在车轮螺母或螺栓上涂抹机油或润滑脂。

单元小结

（1）日常维护是由驾驶员每日出车前、行车中和收车后负责执行的车辆维护作业。其作业中心内容是清洁、补给和安全检视。车辆的日常维护是驾驶员必须完成的日常性工作。

（2）混动卡罗拉保养计划中的主要保养内容：发动机基本部件的保养、点火系统的保养、燃油和排放控制系统的保养、底盘和车身的保养。保养间隔以里程表读数或月数确定，以先到者为准。

（3）混动卡罗拉车外的日常保养主要检查位置有车轮及轮胎、车门及发动机罩、挡风玻璃及刮水片和车下。

（4）混动卡罗拉车内的日常保养主要检查位置有灯光及喇叭，挡风玻璃刮水器、清洗器和除霜器，后视镜和遮阳板，方向盘，座椅及安全带，加速踏板、制动踏板，制动系统，混合动力传动桥"驻车"机构，地板垫。

（5）混动卡罗拉车外的日常保养主要检查项目有各油液、散热器及软管和排气系统。

任务工单3.1 混合动力汽车日常保养

任务名称	混合动力汽车日常保养	学时	4	班级	
学生姓名		学生学号		任务成绩	
实训设备、工具及仪器	多媒体教学设备1套，混动卡罗拉电动汽车4辆，解码仪4套，车间安全用具4套，个人安全防护用具8套，兆欧表4个，红外测温仪4个	实训场地	理实一体化教室	日期	
客户任务描述	小王为丰田某4S店销售接待，今天有一客户想购买1辆混动卡罗拉轿车。客户询问小王："混动卡罗拉的保养项目有哪些？日常使用时要怎么进行保养？"				
任务目的	能正确对混合动力汽车进行日常维护作业				

一、资讯

（1）对于混动汽车而言，其保养工作大致相当于保养两个系统：_____系统和_____系统。

（2）对于燃油系统，需要_____、_____等；对于电机系统，只需要_____和进行常规检查和相应清洁工作即可。

（3）保养计划中的主要保养内容：_____的保养、_____的保养、_____和_____系统的保养、_____和_____的保养。

（4）保养间隔是以_____或_____确定，以_____为准。

（5）日常保养作业的中心内容是_____、_____和_____。

（6）车辆日常维护的主要内容是坚持_____、保持_____、防止_____、保持车容_____。

二、计划与决策

请根据任务要求，确定所需要的检测仪器、工具，并对小组成员进行合理分工，制订详细的工作计划。

1.需要的检测仪器、工具

2. 小组成员分工

3. 计划

三、实施

1. 发动机舱内日常保养

1）检查机油油位

（1）在机油尺端部下方放一块抹布，拉出机油尺。

（2）将机油尺擦干净，并重新完全插入。

（3）在机油尺端部下方放一块抹布，重新拉出机油尺并检查油位是否正常。

检查结果：_____。

处理措施：_____。

2）检查冷却液液位

检查混合动力系统冷机时储液罐中的冷却液液位是否正常。

检查结果：_____。

处理措施：_____。

3）目视检查散热器、软管、发动机／动力控制单元冷却液储液罐、放水开关及水泵是否泄漏

检查结果：_____。

处理措施：_____。

2. 车内日常保养

检查仪表盘各警告灯状态，如果警告灯常亮，则需要进行相应处理。

检查结果：_____。

处理措施：_____。

3. 车外日常保养

（1）检查轮胎外胎磨损标记。

检查结果：_____。

处理措施：_____。

（2）检查胎压和备胎状况，轮胎的标准气压为 2.3 bar。

检查结果：_____。

处理措施：_____。

四、检查

（1）在对混动卡罗拉轿车进行发动机舱内日常保养的过程中，操作不规范的地方：
_____。

（2）在对混动卡罗拉轿车进行车内日常保养的过程中，操作不规范的地方：____
_____。

（3）在对混动卡罗拉轿车进行车外日常保养的过程中，操作不规范的地方：____
_____。

（4）检查发动机机油时，要保证发动机处于_____且已经_____。
打开_____，进行暖机，将车辆停放在_____地面上。使发动机_____并
关闭_____后等待_____分钟，以便_____回流到发动机底部。

（5）检查轮胎外胎磨损标记，如果轮胎上显示已经磨到外胎磨损标记，则需要__
_____。

五、评估

1. 请根据自己任务完成的情况，对自己的工作进行自我评估，并提出改进意见

（1）_____
_____。

（2）_____
_____。

（3）_____
_____。

2. 工单成绩（总分为自我评价、组长评价和教师评价得分值的平均值）

自我评价	组长评价	教师评价	总分

学习心得

_____

_____

_____

_____

_____

混动卡罗拉发动机保养

任务导入

一辆混动卡罗拉轿车，要进行 80 000 km 保养。你知道混动卡罗拉 80 000 km 保养时，发动机的保养项目有哪些吗？如何对其进行保养呢？

学习目标

（1）能够正确更换发动机机油。
（2）能够正确使用 GTS 进入检查模式并进行发动机漏油检查。
（3）能够正确检查 DC/DC 功能。
（4）能够正确拆装维修塞把手。
（5）能够正确使用 GTS 进行主动测试。

理论知识

3.2.1　混动卡罗拉发动机及保养计划

1. 混动卡罗拉发动机的特点

混动卡罗拉发动机采用了型号为 8ZR-FXE 的自然吸气发动机，其基本参数如表 3-2-1 所示。

表 3-2-1　混动卡罗拉发动机的基本参数

项目	技术数据
发动机型号	8ZR-FXE
气缸数及排列方式	直列 4 缸

项目	技术数据
气门机构	链条正时，4气门（进2、排2），双顶置凸轮轴，进气侧可变气门正时
排量	1798 mL
缸径 × 行程	80.5 mm × 88.3 mm
压缩比	13：1
最大功率	73 kW
最大扭矩	142 N·m（2800 ～ 4400 r/min）
点火顺序	1→3→4→2

这款发动机最大的特点就是采用了阿特金森循环。阿特金森循环是指膨胀比大于压缩比的工作循环，以往是通过复杂的连杆机构使得活塞做功行程大于压缩行程来实现的。而在 8ZR-FXE 发动机中，进气门采用"晚关"的方法，使吸入气缸的混合气再被"挤出"一些，达到实质上的膨胀比大于压缩比的目的。8ZR-FXE 发动机进气门的关闭时刻要明显晚于常规发动机。这样做最大的好处是提高了发动机热效率，节省了燃油，但带来的问题就是低转速时的输出功率和扭矩均明显低于同排量下采用奥托循环的常规发动机的输出功率和扭矩。不过对于混合动力车型来说，电动机的扭矩特性恰好弥补了阿特金森循环发动机的不足。

2. 混动卡罗拉发动机的保养内容

混动卡罗拉发动机的保养内容及方法如表 3-2-2 所示。

表 3-2-2 混动卡罗拉发动机的保养内容及方法

保养项目	检查方法	处理方法
机油	目视检查	添加或更换
机油滤清器	定期检查	更换
发动机冷却液	目视检查发动机冷却液液位和颜色	添加或更换
火花塞	检查火花塞电极	更换火花塞或点火线圈总成
辅助蓄电池	目视检查辅助蓄电池是否损坏或变形	更换辅助蓄电池
	检查电解液液位	
	检查辅助蓄电池电压	对辅助蓄电池充电或更换蓄电池
	检查 AMD 端子	紧固
	检查蓄电池端子、熔断丝	紧固端子、更换熔断丝
	检查 DC/DC 转换器功能	更换带转换器的逆变器总成

续表

保养项目	检查方法	处理方法
空气滤清器滤芯	检查脏污情况	清洁或更换
排气管及安装件	目视检查管路、吊架及连接处有无严重腐蚀、泄漏或损坏	更换
燃油箱盖衬垫	目视检查燃油箱盖总成及衬垫有无变形或损坏	更换
燃油管路	目视检查燃油管路有无破裂、泄漏、接头松动或变形	更换
燃油箱箍带	检查燃油箱箍带有无松动或变形	更换
检查炭罐	用 GTS 检查	更换清污阀、线束或 ECM

　　混动卡罗拉发动机的主要保养内容有更换机油及机油滤清器、检查辅助蓄电池、更换空气滤清器滤芯和检查燃油管路等。

实践技能

3.2.2　更换发动机机油和机油滤清器

　　注意：

　　（1）长期反复地接触发动机机油，会导致皮肤失去表层天然油脂，变得干燥、容易过敏并易产生皮炎。此外，用过的发动机机油内含有潜在的危害性污染物，可能会导致皮肤癌。

　　（2）穿戴防护服和手套，避免接触使用过的机油。如果发生接触，应使用肥皂或免水洗洗手剂清洗皮肤，不要使用汽油、稀释剂或溶剂清洗皮肤。

　　（3）为保护环境，只能在指定的报废地点处理使用过的机油和机油滤清器。

　　更换机油及机油滤清器的步骤如下所示。

1. 拆下发动机中央 4 号底罩

　　拆下 4 个螺钉，然后拆下发动机中央 4 号底罩，如图 3-2-1 所示。

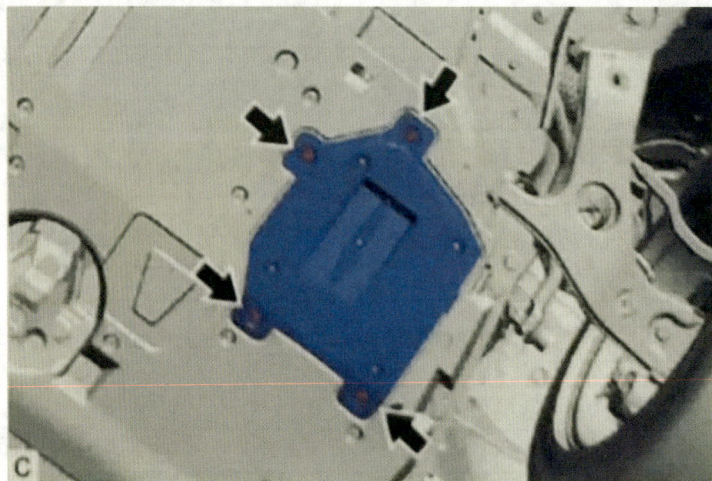

图3-2-1　发动机中央4号底罩

2. 排空机油

（1）拆下机油加注口盖分总成。

（2）拆下油底壳放油螺塞和衬垫，并将机油排放到容器中。

（3）清洁油底壳放油螺塞。

（4）更换新衬垫并安装放油螺塞，紧固力矩为 $37 \text{N} \cdot \text{m}^2$。

3. 拆卸机油滤清器分总成

用SST拆下机油滤清器分总成。

4. 安装机油滤清器分总成

（1）检查并清洁机油滤清器分总成安装表面（发动机侧）。

（2）在新的机油滤清器分总成衬垫上涂抹干净的机油。

（3）用手轻轻旋转机油滤清器分总成，将其固定到位，直至衬垫与滤清器座接触。

（4）用SST紧固机油滤清器分总成。如果有足够的空间，则使用扭力扳手进行紧固，紧固力矩为 $17.5 \text{N} \cdot \text{m}$。如果没有足够的空间使用扭力扳手，则用手或普通扳手将机油滤清器分总成紧固 3/4 圈。

5. 加注新的发动机机油

加注新的发动机机油并安装机油加注口盖分总成。

6. 检查是否泄漏

（1）将发动机置于检查模式（保养模式）。

注意：

①激活检查模式前，关闭空调，选择驻车挡（P）的情况下启动混合动力系统，检查并确认发动机在启动后数秒内停机。目的是确认发动机暖机。

②检查完成后立即取消检查模式。未取消检查模式的情况下驾驶车辆可能损坏混合动力传动桥。

使用 GTS 激活保养模式的步骤：

①将 GTS 连接到 DLC3。

②将电源开关置于 ON（IG）位置。

③打开 GTS，进入以下菜单：混合动力控制 / 工具 / 检查模式 /2WD（尾气排放）。

④检查并确认多信息显示屏上显示"2WD（FWD）MAINTENANCE MODE"[二轮驱动（前轮驱动）保养模式]。

⑤踩下制动踏板时，通过将电源开关置于ON（READY）位置启动发动机。

提示：保养模式下的怠速转速约为 1000 r/min，踩下加速踏板时，发动机转速升高至 1500 ～ 2500 r/min。

（2）检查发动机，确保发动机机油不会从工作区域泄漏。

（3）解除检查模式（保养模式）。

将电源开关置于 OFF 位置并至少等待 30 s，同时关闭混合动力系统。

7. 检查机油油位

操作步骤同"3.1.5　发动机舱内日常保养"中"1.检查机油油位操作步骤"中"（3）检查机油油位"。

8. 安装发动机中央 4 号底罩

用 4 个螺钉安装发动机中央 4 号底罩。

3.2.3 更换发动机冷却液

1.排空发动机冷却液

注意：

发动机和散热器总成仍很热时，不要拆下储液罐盖或散热器防水螺塞，可能会释放出来高压高温的发动机冷却液和蒸气并导致严重烫伤。

（1）将内径为9 mm的软管连接到散热器放水开关上，如图3-2-2所示。

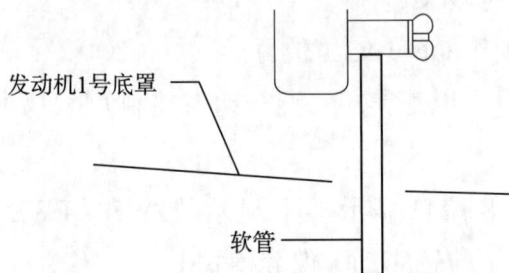

发动机1号底罩

软管

图3-2-2　连接软管到散热器放水开关

（2）松开散热器防水螺塞。

（3）拆下储液罐盖，然后排空发动机冷却液。

（4）用手紧固散热器防水螺塞，并从防水开关上取下软管。

2.加注发动机冷却液

（1）加注发动机冷却液至储液罐总成的B-HV刻度线，如图3-2-3所示，规定容量为5.7 L。

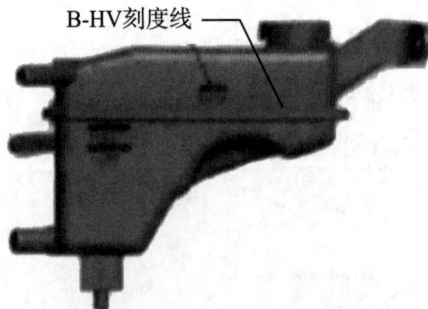

B-HV刻度线

图3-2-3　发动机冷却液储液罐各刻度线

注意：

①不要用普通的水代替发动机冷却液。

②为避免损坏发动机冷却系统及产生其他技术问题，只能使用车辆规定的冷却液。

（2）用手挤压散热器 1 号、2 号软管数次（图 3-2-4），然后检查发动机冷却液液位。如果液位过低，则加注适量冷却液。

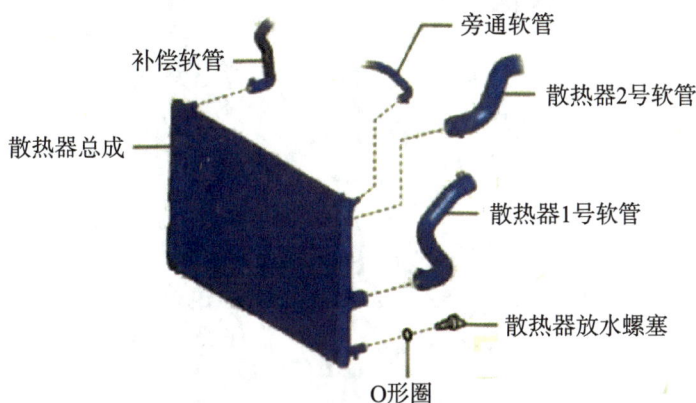

图3-2-4　散热器各管路连接

（3）安装储液罐盖。

（4）将发动机置于检查模式（保养模式）。

（5）对冷却系统进行排气。

注意：

①启动发动机前，关闭空调开关。

②将加热器控制调节为最高温度设置。

③将鼓风机转速调节为低速设置。

a. 发动机暖机至带节温器的进水口分总成打开，然后等冷却液循环几分钟。

b. 用手挤压散热器 1 号、2 号软管数次，以对系统进行放气。

挤压散热器 1 号、2 号软管时要注意：此时水管内冷却液温度很高，要佩戴保护手套；手要远离散热风扇。

（6）关闭保养模式。

（7）等发动机冷却后，检查并确认发动机冷却液液位在 FULL 刻度线和 LOW 刻度线之间，如果低于 LOW 刻度线，则加注冷却液至 FULL 刻度线。

3. 检查冷却液是否泄漏

（1）拆下储液罐盖。

（2）安装散热器盖检测仪（如果冷却液不足，则需要先添加冷却液），如图 3-2-5 所示。

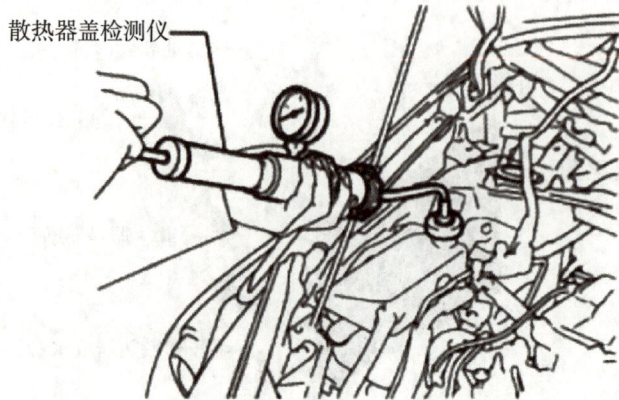

散热器盖检测仪

图3-2-5　安装散热器盖检测仪

（3）将发动机置于检查模式（保养模式）。

（4）使发动机暖机。

（5）泵吸散热器盖检测仪至压力为 108 kPa，然后检查压力是否下降。如果压力下降，则检查软管、散热器总成和发动机水泵总成是否泄漏。如果发现冷却液没有外部泄漏迹象，则检查加热器芯、气缸体分总成和气缸盖分总成。

（6）拆下散热器盖检测仪并安装储液罐盖。

3.2.4　检查辅助蓄电池及其充电系统

1. 检查辅助蓄电池

1）外观检查

（1）检查辅助蓄电池是否损坏或变形。如果发现严重损坏、变形或泄漏，则需要更换辅助蓄电池。

（2）检查电解液液位。如果电解液液位低于下限，则更换辅助蓄电池。

2）检查辅助蓄电池端子及熔断丝

（1）检查并确认辅助蓄电池端子未松动或腐蚀。如果端子松动或腐蚀，则应紧固或清洁端子。正负极端子紧固力矩均为 5 N·m。

（2）测量辅助蓄电池充电系统中各熔断丝电阻：辅助蓄电池正极处的熔断丝和总成中熔断丝的电阻（位置如图 3-2-6 所示，结构及外观如图 3-2-7 所示）应小于 1 Ω；DC/DC 熔断丝的电阻应小于 1 Ω（DC/DC 熔断丝位于发动机室 1 号继电器盒 / 接线盒中，位置如图 3-2-8 所示，DC/DC 熔断丝的位置如图 3-2-9 所示）。如果结果不符合规定，则必要时更换熔断丝。

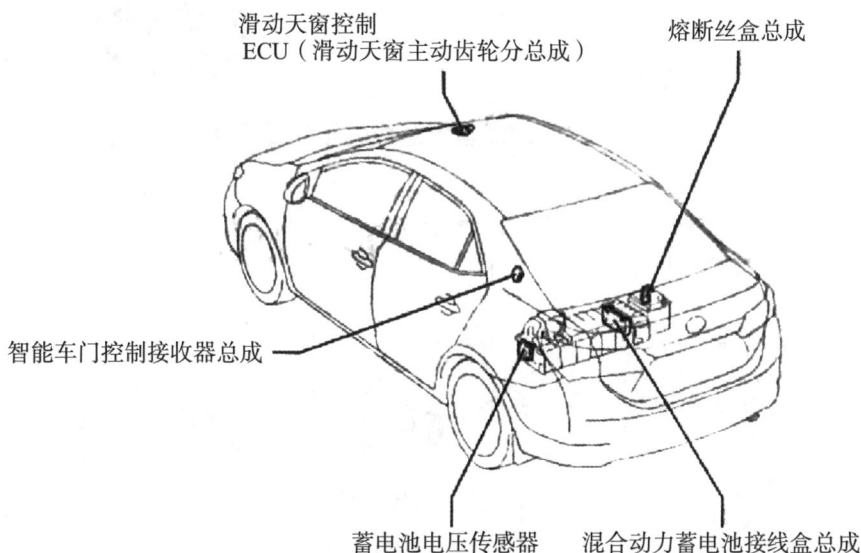

图3-2-6　蓄电池正极处的熔断丝和总成的位置

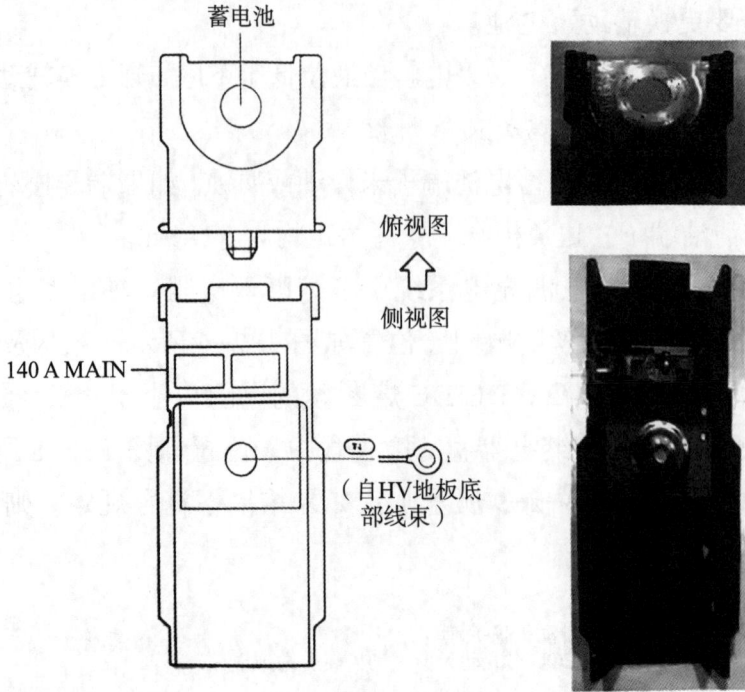

蓄电池

俯视图

侧视图

140 A MAIN

（自HV地板底部线束）

图3-2-7　熔断丝盒总成的结构及外观

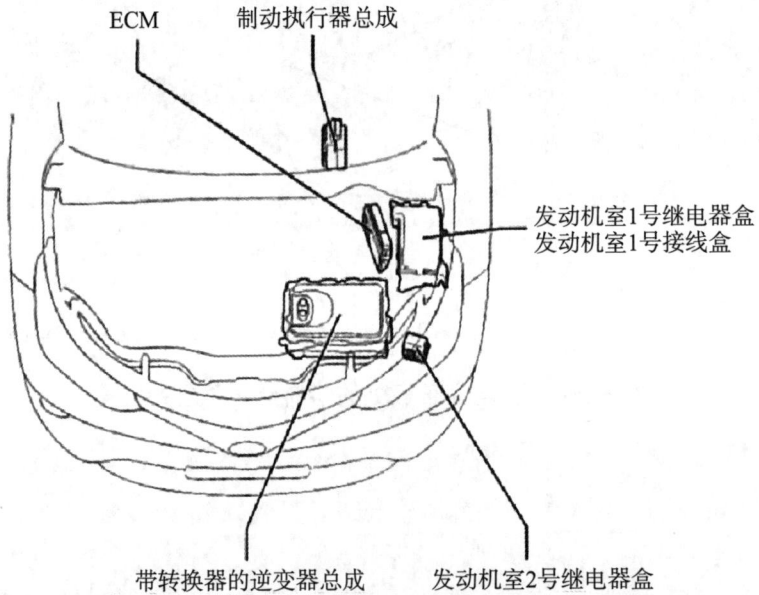

ECM　　制动执行器总成

发动机室1号继电器盒
发动机室1号接线盒

带转换器的逆变器总成　　发动机室2号继电器盒

图3-2-8　发动机室1号继电器盒/接线盒的位置

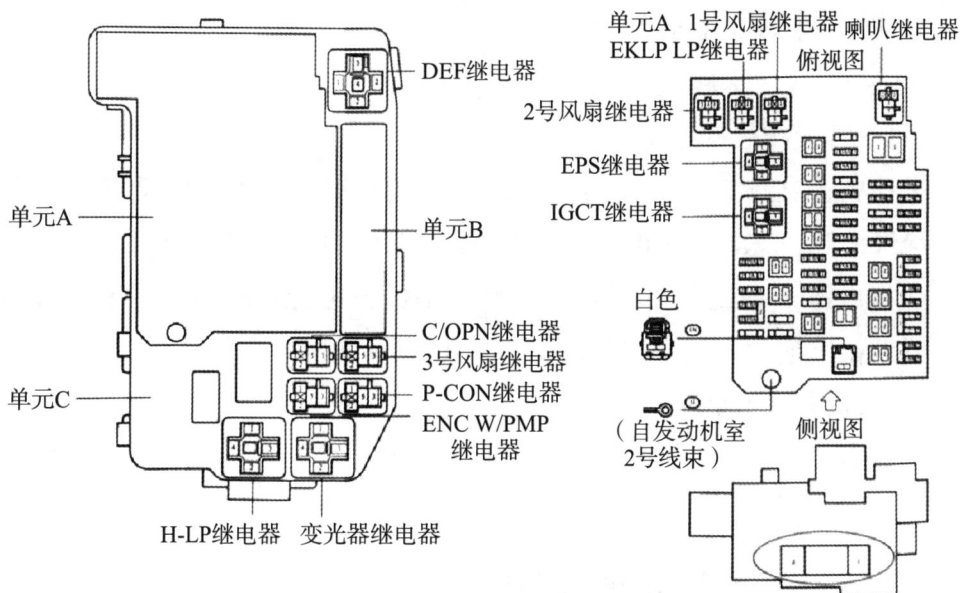

图3-2-9　DC/DC熔断丝的位置

3）检查辅助蓄电池电压

（1）将电源开关置于 OFF 位置并点亮远光灯 30 s，去除辅助蓄电池表面电荷。

（2）测量辅助蓄电池电压，根据测量值做相应处理，辅助蓄电池电压及处理方法如表 3-2-3 所示。

表 3-2-3　辅助蓄电池电压及处理方法

测量条件	电压值 /V	处理方式
20 ℃，电源开关置于 OFF 位置	12.6 ～ 12.8	正常
	12.2 ～ 12.4	对辅助蓄电池充电
	11.8 ～ 12.0	更换辅助蓄电池

4）对辅助蓄电池进行充电

（1）对辅助蓄电池充电，充电时要注意充电电流应小于 5 A。

（2）将电源开关置于 OFF 位置并点亮远光灯 30 s，去除辅助蓄电池表面电荷。

（3）测量辅助蓄电池电压，根据测量值做相应处理。

2.检查辅助蓄电池充电系统

1）检查 AMD 端子

（1）拆下维修塞把手。

①检查 DTC，确认未输出 POAA6[混合动力蓄电池（HV 蓄电池）电压系统绝缘故障]。如果输出该故障码，则先对该 DTC 进行故障排除。

②将电源开关置于 OFF 位置，断开辅助蓄电池负极端子。断开并重新连接辅助蓄电池后，某些系统需要初始化。

③拆卸行李箱前装饰罩。

④从 HV 蓄电池上拆下 2 个螺母和 8 号 HV 蓄电池屏蔽板，如图 3-2-10 所示。

图3-2-10 8号HV蓄电池屏蔽板及固定螺栓位置

⑤佩戴绝缘手套并按图 3-2-11 中箭头所示顺序转动维修塞把手的手柄，并拆下维修塞把手。

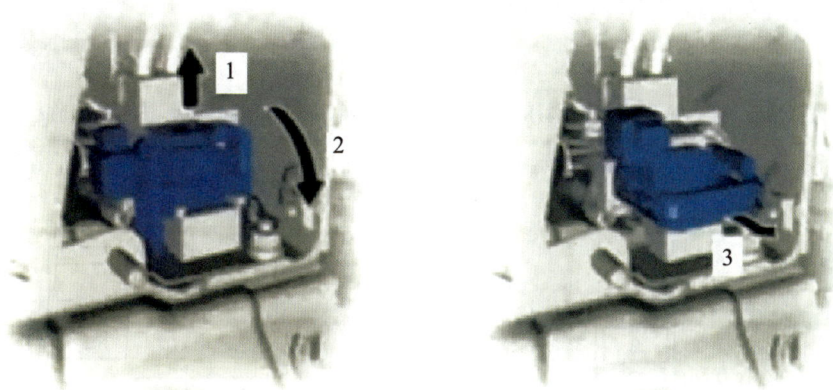

图3-2-11　维修塞把手的拆卸方法

（2）检查并确认 AMD 端子连接牢固且无接触故障。如果有任何电弧痕迹，则更换受影响的零件。

（3）检查并确认 AMD 端子螺栓紧固至规定扭矩，扭矩值为 8.5 N·m。

（4）安装维修塞把手。

①佩戴绝缘手套并按图 3-2-12 中箭头 1 方向安装维修塞把手。

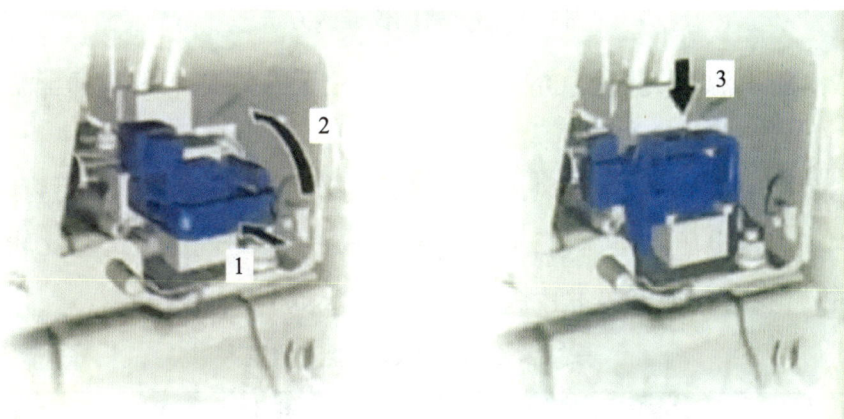

图3-2-12　维修塞把手的安装方法

②朝 HV 蓄电池转动维修塞把手的手柄 90°（图 3-2-12 中的箭头 2），并沿图 3-2-12 中箭头 3 的方向滑动，直至听到咔嗒声，表示安装到位。

③用两个螺母安装 8 号 HV 蓄电池屏蔽板，紧固力矩为 7.5 N·m。

④安装行李箱前装饰罩。

（5）连接辅助蓄电池负极端子。

2）检查 DC/DC 转换器功能

（1）将检测仪 AC/DC 400 A 探针连接到辅助蓄电池正极电缆上，如图 3-2-13 所示。

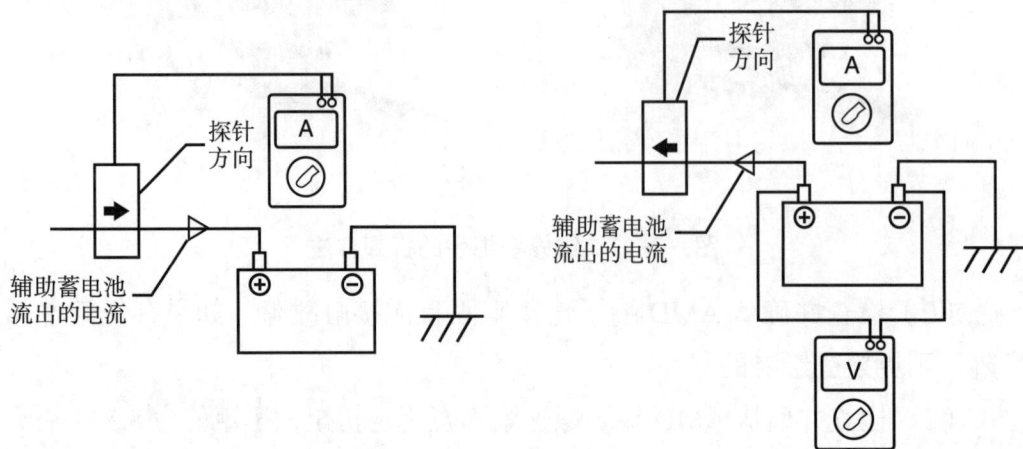

（a）辅助蓄电池正极电缆连接方法 （b）辅助蓄电池正极端子-辅助蓄电池负极端子连接方法

图3-2-13 检测仪连接方法

（2）将电源开关置于 ON（READY）位置并静置车辆，直至流入辅助蓄电池的电流变为 10 A 或更大。

（3）打开远光灯，将鼓风机电动机开关转至 HI 位置并打开后窗除雾器。

（4）测量电压和电流值，并根据表 3-2-4 中的规定值进行比较，如果结果不符合规定，则更换带转换器的逆变器总成。

表 3-2-4 DC/DC 功能对照表

项目	检测仪连接	条件	规定状态
辅助蓄电池流出的电流	辅助蓄电池正极电缆（连接方法如图 3-2-13a 所示）	将电源开关置于 ON（READY）位置（远光灯打开、鼓风机电动机开关转至 HI 位置并且后窗除雾器打开）	0 A 或更小
辅助蓄电池电压	辅助蓄电池正极端子－辅助蓄电池负极端子（连接方法如图 3-2-13b 所示）		13 ～ 15 V

3.2.5　检查燃油和排放控制系统

燃油和排放控制系统的主要检查项目：检查空气滤清器滤芯，检查燃油箱盖、燃油管路、接头和燃油箱箍带，以及检查炭罐。

1. 检查空气滤清器滤芯

（1）拆下空气滤清器滤芯。

（2）检查并确认空气滤清器滤芯未严重脏污。如果空气滤清器滤芯严重脏污，则需要更换。

（3）用压缩空气清洁空气滤清器滤芯，如图 3-2-14 所示。

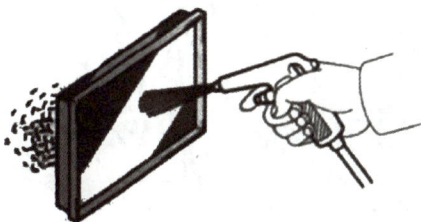

扫一扫

汽修更换空调滤清器

图3-2-14　用压缩空气清洁空气滤清器滤芯

（4）重新安装空气滤清器滤芯。

2. 检查燃油箱盖、燃油管路、接头和燃油箱箍带

（1）目视检查并确认燃油箱盖总成和衬垫没有变形或损坏，如图 3-2-15 所示。如果燃油箱盖总成和衬垫变形或损坏，则将其更换。

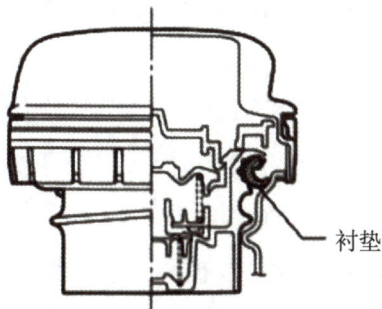

衬垫

图3-2-15　燃油箱盖衬垫的位置

（2）目视检查燃油管路和软管有无破裂、泄漏，接头有无松动或变形，检查燃油箱箍带有无松动或变形。

3. 检查炭罐

1）检查燃油蒸气排放控制系统

（1）将 GTS 连接到 DLC3，启动发动机使发动机暖机，然后打开 GTS。

（2）从清污阀上断开 1 号燃油蒸气供给软管，1 号燃油蒸气供给软管位置如图 3-2-16 所示。

图3-2-16　1号燃油蒸气供给软管位置

（3）进入 GTS 并进行主动测试，测试项目为 Activate the VSV for EVAP Control（为 EVAP 控制激活 VSV）。

（4）检查并确认清污阀口出现真空。如果未出现真空，则按顺序检查清污阀、连接进气歧管和清污阀的 2 号燃油蒸气供给软管、ECM PRG 端子电压。

（5）退出主动测试模式并将 1 号燃油蒸气供给软管连接到清污阀上。

（6）进入数据列表查看 EVAP Purge VSV 的数据。

（7）使发动机暖机并驾驶车辆。

（8）确认清污阀打开，如果数据列表显示结果不符合规定，则更换清污阀、线束或 ECM。

2）检查空气滤清器

（1）启动发动机暖机，然后使发动机怠速运转 15 min。

（2）打开燃油箱盖总成以释放燃油箱总成中的压力。

（3）关闭燃油箱盖总成，然后使发动机怠速运转 30 s。

（4）再次打开燃油箱盖总成并检查吸气声。正常情况下应听不到吸气声。如果闻到汽油味并听到放气声，则说明油箱正在释放燃油箱中的正压力，这属于正常现象。

单元小结

（1）混动卡罗拉发动机采用了型号为 8ZR-FXE 的自然吸气发动机，采用了阿特金森循环。

（2）混动卡罗拉发动机的主要保养内容有更换机油及机油滤清器、检查辅助蓄电池、更换空气滤清器滤芯和检查燃油管路等。

（3）使用 GTS 进入检查模式的步骤：混合动力控制 / 工具 / 检查模式 /2WD。同时，多信息显示屏显示"已进入检查模式"。

任务工单3.2 混动卡罗拉发动机保养

任务名称	混动卡罗拉发动机保养	学时	4	班级	
学生姓名		学生学号		任务成绩	
实训设备、工具及仪器	多媒体教学设备1套，混动卡罗拉电动汽车4辆，解码仪4套，车间安全用具4套，个人安全防护用具8套，兆欧表4个，红外测温仪4个	实训场地	理实一体化教室	日期	
客户任务描述	一辆混动卡罗拉轿车，要进行80 000 km保养				
任务目的	能够正确完成混动卡罗拉发动机保养作业				

一、资讯

（1）混动卡罗拉发动机采用的自然吸气发动机型号为_____，排量为_____，压缩比为_____：_____。

（2）阿特金森循环，是指_____大于_____的工作循环，以往是通过复杂的连杆机构使得活塞做功行程大于压缩行程来实现的，在8ZR-FXE发动机中，通过_____方法，吸入气缸的混合气再被"挤出"一些，达到实质上的膨胀比大于压缩比。

（3）混动卡罗拉发动机的主要保养内容有_____及_____、检查_____、更换_____和_____等。

二、计划与决策

请根据任务要求，确定所需要的检测仪器、工具，并对小组成员进行合理分工，制订详细的工作计划。

1.需要的检测仪器、工具

2.小组成员分工

3. 计划

三、实施

1. 更换发动机机油和机油滤清器

（1）拆下发动机中央 4 号底罩。

（2）排空机油（放油螺塞的紧固力矩为_____N·m）。

步骤：

（3）拆卸机油滤清器分总成。

（4）安装机油滤清器分总成（机油滤清器分总成紧固力矩为_____N·m）。

步骤：

（5）加注新的发动机机油。

加注机油等级：_____。

加注机油容量：_____。

（6）检查是否泄漏。

检查结果：_____。

处理措施：_____。

（7）检查机油油位。

检查结果：_____。

处理措施：_____。

（8）安装发动机中央 4 号底罩。

2. 更换发动机冷却液

1）排空发动机冷却液

（1）松开_____。

（2）拆下_____，然后排空发动机冷却液。

（3）用手紧固_____，并从放水开关上取下_____。

2）加注发动机冷却液

（1）加注发动机冷却液至储液罐总成的_____刻度线。

规定容量为_____L。

（2）用手挤压散热器 1 号、2 号软管数次，然后检查发动机冷却液液位。

检查结果：_____。

处理措施：_____。

（3）安装_____。

（4）将发动机置于_____模式（保养模式）。

（5）对冷却系统进行_____。

（6）关闭_____模式。

检查结果：_____。

处理措施：_____。

（7）等发动机冷却后，检查并确认发动机冷却液液位在_____刻度线和_____刻度线之间，如果低于_____刻度线，则加注冷却液至_____刻度线。

检查结果：_____。

处理措施：_____。

3. 检查辅助蓄电池

1）外观检查

（1）检查辅助蓄电池是否损坏和变形。

检查结果：_____。

处理措施：_____。

（2）检查电解液液位。

检查结果：_____。

处理措施：_____。

2）检查辅助蓄电池端子及熔断丝（正负极端子紧固力矩均为_____N·m）

（1）检查并确认辅助蓄电池端子未松动或腐蚀。

检查结果：_____。

处理措施：_____。

（2）测量辅助蓄电池充电系统中各熔断丝电阻（正极处的熔断丝盒总成中熔断丝的电阻应小于_____Ω；DC/DC 熔断丝的电阻应小于_____Ω）。

检查结果：_____。

处理措施：_____。

3）检查辅助蓄电池电压

检查结果：_____。

处理措施：_____。

4. 检查辅助蓄电池充电系统中的 AMD 端子

（1）拆下维修塞把手。

①检查 DTC。

检查结果：_____。

处理措施：_____。

②将电源开关置于_____位置，断开辅助蓄电池_____极端子。

③拆卸行李箱前装饰罩。

④从 HV 蓄电池上拆下 2 个螺母和 8 号 HV 蓄电池屏蔽板。

⑤佩戴＿＿＿＿＿＿＿＿并顺序转动＿＿＿＿＿＿＿＿的手柄，拆下＿＿＿＿＿＿。

（2）检查并确认 AMD 端子连接牢固且无接触故障。

检查结果：＿＿＿＿＿＿＿＿＿＿＿＿＿＿＿＿＿＿＿＿＿。

处理措施：＿＿＿＿＿＿＿＿＿＿＿＿＿＿＿＿＿＿＿＿＿。

（3）检查并确认 AMD 端子螺栓紧固至规定扭矩（扭矩值为＿＿＿＿＿N·m）。

（4）安装＿＿＿＿＿＿＿＿＿＿。

①佩戴＿＿＿＿＿＿＿＿并安装＿＿＿＿＿＿＿＿。

②朝 HV 蓄电池转动＿＿＿＿＿＿的手柄＿＿＿＿＿＿，并沿＿＿＿＿＿＿向下滑动直至听到咔嚓声，表示安装到位。

③用两个螺母安装 8 号 HV 蓄电池屏蔽板（紧固力矩为＿＿＿＿＿＿N·m）。

④安装行李箱前装饰罩。

（5）连接辅助蓄电池＿＿＿＿＿＿极端子。

5. 检查 DC/DC 转换器功能

（1）将检测仪 AC/DC 400 A 探针连接到辅助蓄电池＿＿＿＿＿＿极电缆上。

（2）将电源开关置于＿＿＿＿＿位置并静置车辆直至流入辅助蓄电池的电流变为＿＿＿＿＿A 或更大。

（3）打开＿＿＿＿＿＿，将鼓风机电动机开关转至＿＿＿＿＿＿位置并打开＿＿＿＿＿＿。

（4）测量辅助蓄电池电压和辅助蓄电池流出的电流值。

检查结果：＿＿＿＿＿＿＿＿＿＿＿＿＿＿＿＿＿＿＿＿＿。

处理措施：＿＿＿＿＿＿＿＿＿＿＿＿＿＿＿＿＿＿＿＿＿。

6. 检查燃油和排放控制系统。

（1）检查空气滤清器滤芯。

检查结果：＿＿＿＿＿＿＿＿＿＿＿＿＿＿＿＿＿＿＿＿＿。

处理措施：＿＿＿＿＿＿＿＿＿＿＿＿＿＿＿＿＿＿＿＿＿。

（2）检查燃油箱盖，燃油管路、接头和燃油箱箍带。

检查结果：＿＿＿＿＿＿＿＿＿＿＿＿＿＿＿＿＿＿＿＿＿。

处理措施：＿＿＿＿＿＿＿＿＿＿＿＿＿＿＿＿＿＿＿＿＿。

（3）检查炭罐。

检查结果：＿＿＿＿＿＿＿＿＿＿＿＿＿＿＿＿＿＿＿＿＿。

处理措施：＿＿＿＿＿＿＿＿＿＿＿＿＿＿＿＿＿＿＿＿＿。

（4）检查混合动力系统冷机时储液罐中的冷却液液位是否正常。

检查结果：＿＿＿＿＿＿＿＿＿＿＿＿＿＿＿＿＿＿＿＿＿。

处理措施：＿＿＿＿＿＿＿＿＿＿＿＿＿＿＿＿＿＿＿＿＿。

（5）目视检查散热器、软管、发动机/动力控制单元冷却液储液罐、放水开关及水泵是否泄漏。

检查结果：_____。

处理措施：_____。

四、检查

（1）在对混动卡罗拉轿车进行发动机机油和机油滤清器更换的过程中，操作不规范的地方：_____。

（2）在对混动卡罗拉轿车进行发动机冷却液更换的过程中，操作不规范的地方：_____。

（3）在对混动卡罗拉轿车进行辅助蓄电池检查的过程中，操作不规范的地方：_____。

（4）在对混动卡罗拉轿车进行辅助蓄电池充电系统检查的过程中，操作不规范的地方：_____。

（5）在对混动卡罗拉轿车进行 DC/DC 转换器功能检查的过程中，操作不规范的地方：_____。

（6）在对混动卡罗拉轿车进行燃油和排放控制系统检查的过程中，操作不规范的地方：_____。

（7）在接触机油时应该穿戴_____和_____，只能在指定的_____处理用过的机油和机油滤清器。

（8）去除辅助蓄电池表面电荷的方法是将电源开关置于_____位置并点亮_____灯_____秒。

五、评估

1.请根据自己任务完成的情况，对自己的工作进行自我评估，并提出改进意见

（1）_____。

（2）_____。

（3）_____。

2.工单成绩（总分为自我评价、组长评价和教师评价得分值的平均值）

自我评价	组长评价	教师评价	总分

混动卡罗拉底盘的保养

▶▶▶▶

任务导入

一辆混动卡罗拉轿车，要进行 40 000 km 保养，要调节踏板高度、检查并调整前轮前束。混动卡罗拉如何进行踏板高度测量与调整？如何测量并调整前轮前束？

学习目标

（1）能够正确检查并调整制动踏板高度。
（2）能够正确更换制动摩擦片。
（3）能够正确检查并调节前轮定位参数。
（4）能够正确使用 GTS 进行横摆率和加速度传感器校准。

理论知识

3.3.1　混动卡罗拉制动系统

混动卡罗拉电控制动系统主要由制动助力泵总成、带主缸的制动助力器总成、制动踏板行程传感器总成、空气囊传感器总成、组合仪表总成、混合动力车辆混合动力控制 ECU、动力转向 ECU 总成、VSCOFF 开关和制动器等组成。

扫一扫

制动踏板自由行程测量

混动卡罗拉采用了非接触型制动踏板行程传感器，如图 3-3-1 所示，功能是检测制动踏板行程范围并将其传输至防滑控制 ECU。

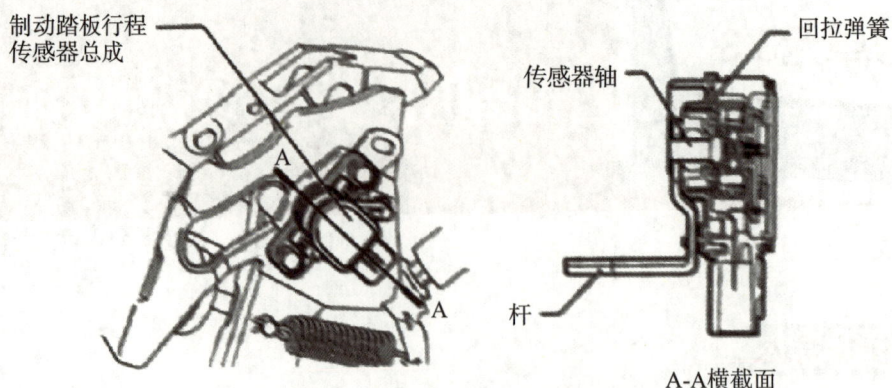

制动踏板行程传感器总成
传感器轴
回拉弹簧
杆
A-A横截面

图3-3-1 制动踏板行程传感器

前后制动器的形式为前通风盘式制动器、后盘式制动器，如图 3-3-2 和图 3-3-3 所示。

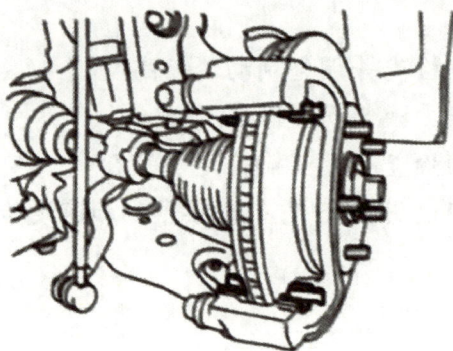

图3-3-2 前通风盘式制动器

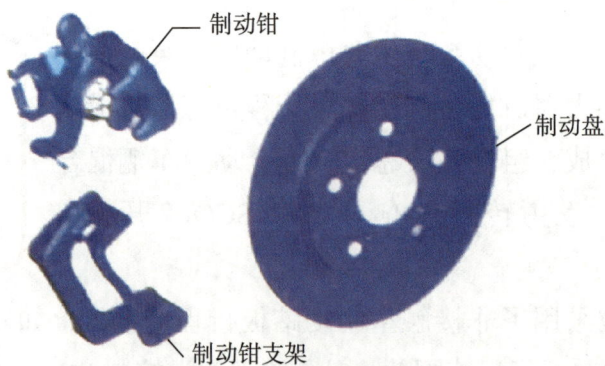

制动钳
制动盘
制动钳支架

图3-3-3 后盘式制动器

混动卡罗拉制动系统的保养内容如表 3-3-1 所示，主要有检查制动踏板高度及行程、检查驻车制动器、更换制动摩擦片和更换制动液等。

表 3-3-1   混动卡罗拉制动系统的保养内容

保养项目	检查方法	处理方法
制动管路和软管	目视检查	更换或修理
制动踏板	检查制动踏板高度及行程	调整
驻车制动器	检查驻车制动杠杆行程	调整
前后制动器	检查摩擦片和制动盘厚度	更换摩擦片或制动盘
制动液	检查制动液液位	更换制动液

3.3.2　混动卡罗拉转向及行驶系统

混动卡罗拉的转向系统为电动助力转向，助力形式为转向柱助力；除了正常转向外，还要和防滑控制 ECU 进行协同控制。其主要组成及相对位置如图 3-3-4 所示。

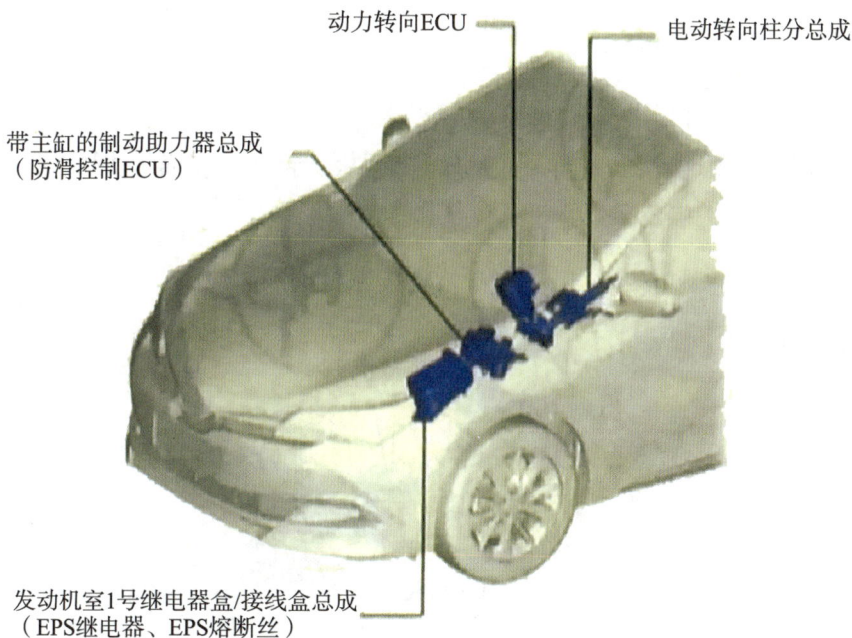

图3-3-4　混动卡罗拉电动助力转向系统组成和相对位置

混动卡罗拉的悬架系统采用前麦弗逊式悬架、后纵臂扭转梁式悬架的布置形式。

混动卡罗拉转向及行驶系统的保养内容如表3-3-2所示，主要有检查方向盘自由行程，检查前轮、后轮定位参数及轮胎。

表3-3-2　混动卡罗拉转向及行驶系统的保养内容

保养项目	检查方法	处理方法
方向盘	检查方向盘自由行程	修理或相应处理
转向传动机构	目视检查	更换或相应处理
防尘罩	目视检查	更换
前悬架	测量车辆高度、检查前轮定位参数	进行四轮定位
后悬架	检查后轮定位参数	调节
轮胎	检查胎压、车轮动平衡	轮胎换位、调整车轮动平衡

实施技能

3.3.3　制动系统的保养

1. 检查制动踏板

1）拆卸1号前围板隔热垫

（1）分离10个卡爪并拆下左前门防磨板，卡爪的位置及形式如图3-3-5所示。

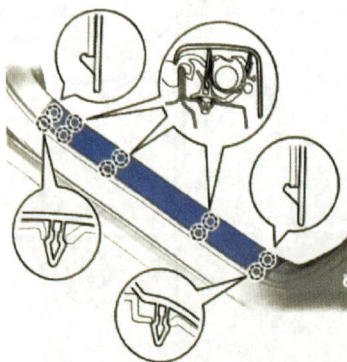

图3-3-5　左前门防磨板卡爪的位置及形式

（2）拆下卡子，并分离卡爪以拆下左前围侧饰板，卡子和卡爪位置及形式如图 3-3-6 所示。

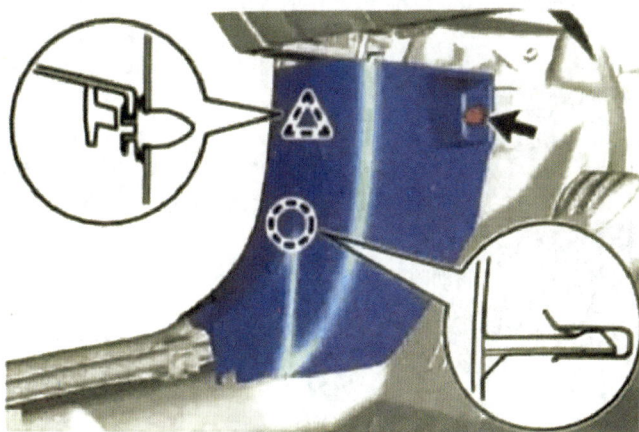

图3-3-6　左前围侧饰板卡子和卡爪的位置及形式

（3）翻起前地板地垫总成。

（4）逆时针转动卡子，并拆下 1 号前围板隔热垫，卡子位置及形式如图 3-3-7 所示。

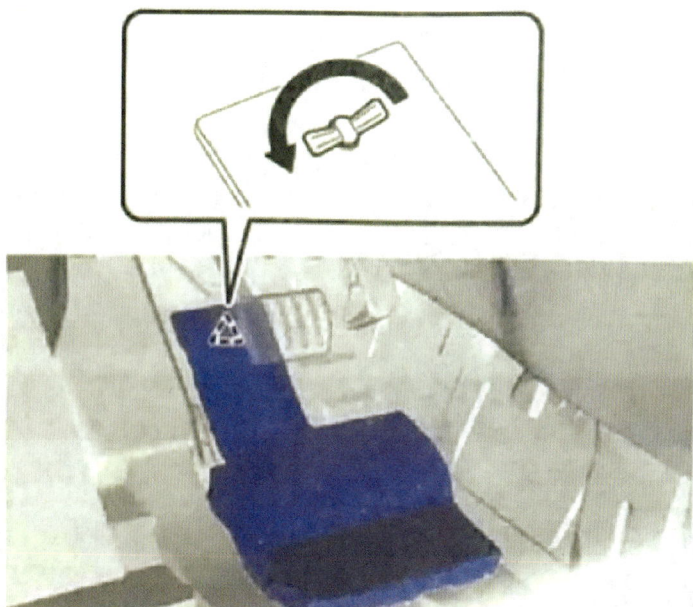

图3-3-7　1号前围板隔热垫卡子的位置及形式

2）检查制动踏板高度

（1）翻起前围板隔热垫总成。

（2）测量制动踏板表面和地板之间的最短距离，如图3-3-8所示。

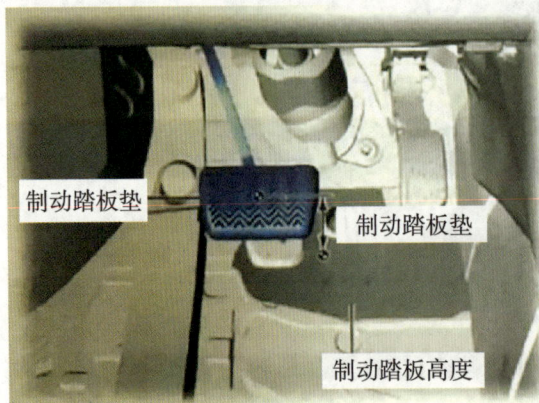

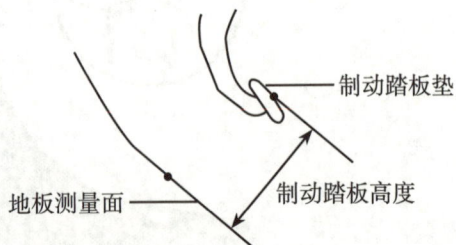

图3-3-8　测量制动踏板表面和地板之间的最短距离

制动踏板表面距离地板的高度应该为 153.1～163.1 mm，如果踏板高度不正确，则需要调节。

3）调节制动踏板高度

（1）拆下制动灯开关总成。

①拆下仪表盘1号底罩分总成两个固定螺钉，固定螺钉位置如图3-3-9所示。

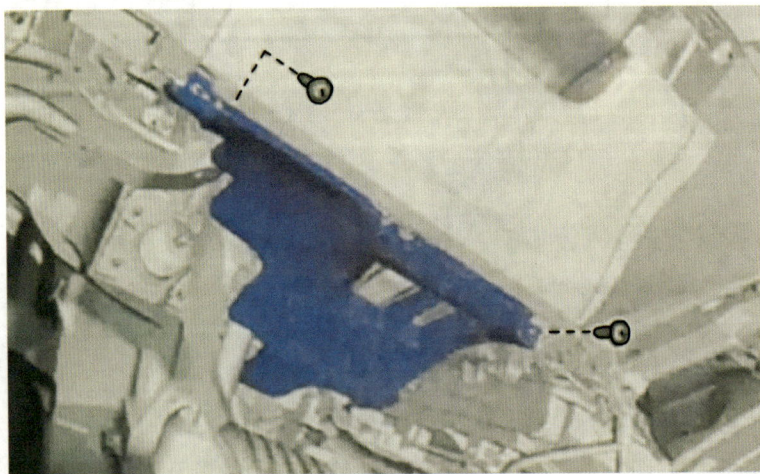

图3-3-9　仪表盘1号底罩分总成固定螺钉位置

②分离卡爪和导销，拆下仪表盘 1 号底罩分总成。

③分离 7 个卡子，并拆下仪表板下装饰板分总成。卡子位置及形式如图 3-3-10 所示。

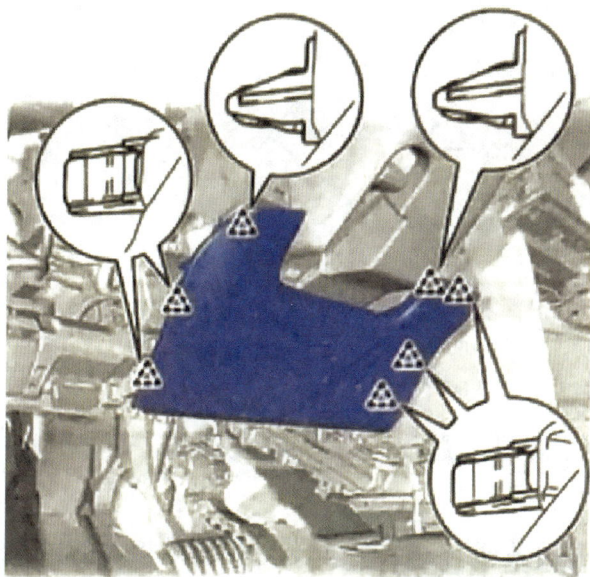

图3-3-10 仪表板下装饰板分总成卡子的位置及形式

④断开连接器并逆时针转动制动灯开关总成以将其拆下，连接器及制动灯开关总成位置及拆卸方法如图 3-3-11 所示。

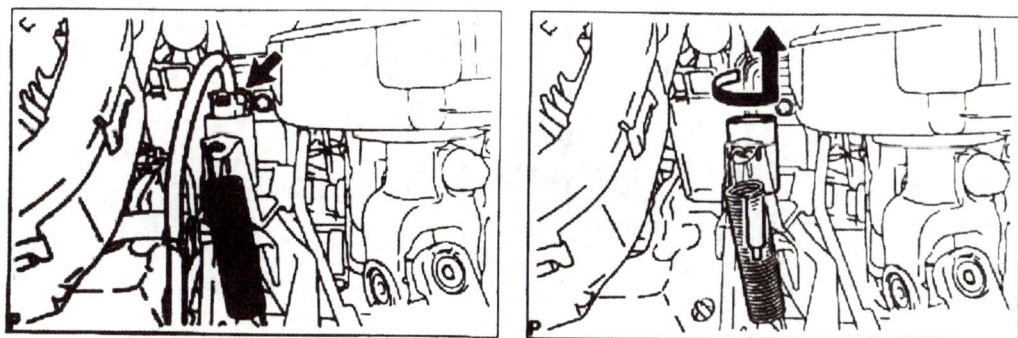

图3-3-11 连接器及制动灯开关总成位置及拆卸方法

（2）调节制动踏板高度。

①松开锁紧螺母，其位置如图 3-3-12 所示。

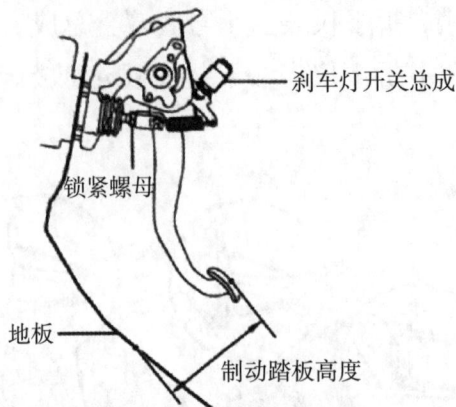

图3-3-12 锁紧螺母位置

②通过转动推杆调节制动踏板高度，高度为 153.1 ～ 163.1 mm。

③紧固锁紧螺母，紧固力矩为 25.5 N·m。

（3）安装制动灯开关总成。

注意：

插入制动灯开关总成时，从后面支撑制动踏板，使踏板不会被按入。

①插入制动灯开关总成，直到螺纹套筒触及踏板。

②顺时针转动制动灯开关总成四分之一圈，以将其安装，如图 3-3-13 所示。拧紧力矩为 1.5 N·m 或更小。

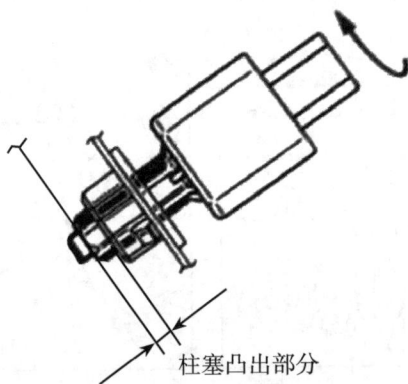

图3-3-13 顺时针转动制动灯开关总成四分之一圈使柱塞凸出一段距离

③安装线束连接器。

④检查柱塞凸出部分，如图 3-3-13 所示，长度应为 0.5 ～ 2.6 mm。如

果凸出部分不符合规定，则重新检查开关安装情况，如有必要，则检查制动踏板调节情况。

⑤拆下仪表板下装饰板分总成。

⑥安装仪表板 1 号底罩分总成。

2. 检查驻车制动器

1）检查驻车制动杠杆行程

（1）牢固拉起驻车制动杠杆。

（2）解除驻车制动杠杆锁止器并使其返回到 OFF 位置。

（3）慢慢将驻车制动杠杆完全拉起，并计算"咔嗒"声的次数。驻车制动杠杆行程在 200 N 时为 5 ～ 8 个槽口。

如果驻车制动杠杆行程不符合规定，则调节驻车制动杠杆行程。

2）调节驻车制动杠杆行程

（1）拆下地板控制台上面板分总成。

①分离 4 个卡爪和 5 个卡子，其位置如图 3-3-14 所示。

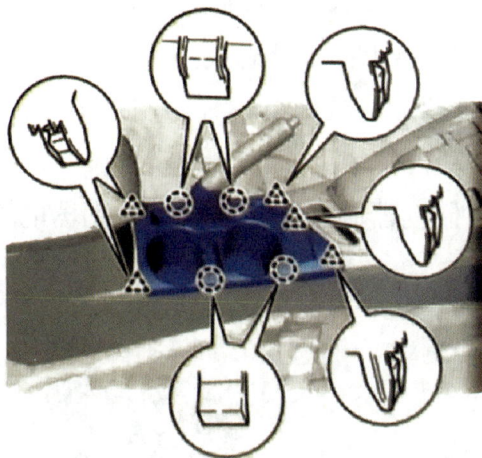

图3-3-14　地板控制台上面板分总成各卡爪与卡子的位置

②拆下地板控制台上面板分总成。

（2）解除驻车制动杠杆锁止器并使其返回到 OFF 位置。

（3）松开锁紧螺母和 2 号线束调节螺母以完全松开驻车制动器拉索，锁紧螺母和 2 号线束调节螺母位置如图 3-3-15 所示。

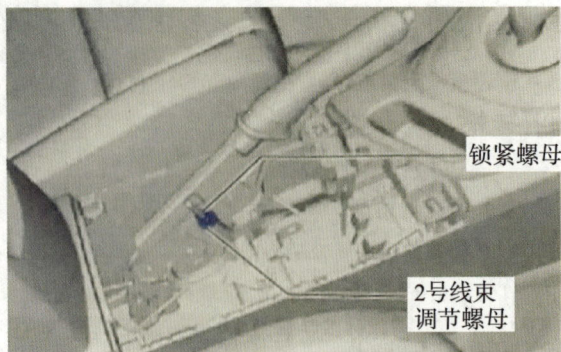

图3-3-15　锁紧螺母和2号线束调节螺母位置

（4）启动发动机并踩下制动踏板数次。

（5）将点火开关置于 OFF 位置。

（6）转动2号线束调节螺母，直到驻车制动杠杆行程恢复至正常范围。

（7）使用扳手固定2号线束调节螺母并紧固锁紧螺母，紧固力矩为 60 N·m。

（8）操作驻车制动杠杆3～4次，并检查其行程。

（9）检查并确认驻车制动器未卡滞。

（10）安装地板控制台上面板分总成。

3）检查后盘式制动器制动缸操作杆和制动器之间的间隙

（1）松开驻车制动杠杆。

（2）检查后盘式制动器制动缸操作杆和制动器的相对位置和间隙，如图 3-3-16 所示。

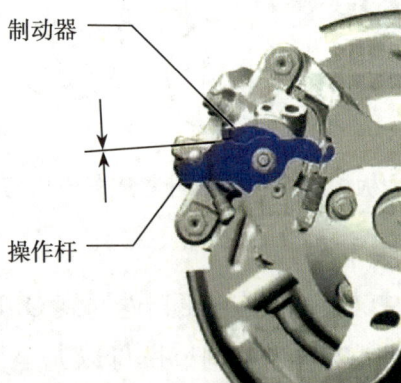

图3-3-16　后盘式制动器制动缸操作杆和制动器的相对位置和间隙

间隙应小于 0.5 mm，如果间隙不符合规定，则更换后盘式制动器制动缸总成。

3. 检查前后制动器

1）检查制动器衬块厚度

使用直尺测量前、后盘式制动器衬块厚度。前盘式制动器衬块厚度标准值为 12.0 mm，最小厚度为 1.0 mm；后盘式制动器衬块厚度标准值为 9.5 mm，最小厚度为 1.0 mm。如果前、后盘式制动器衬块厚度小于最小值，则更换相应衬块。

2）检查制动盘

（1）检查前后制动盘轴厚度。

使用螺旋测微器，测量前、后制动盘厚度。前制动盘标准厚度为 22.0 mm，最小厚度为 19.0 mm；后制动盘标准厚度为 9.0 mm，最小厚度为 7.5 mm。如果前、后制动盘厚度小于最小值，则更换相应制动盘。

（2）检查前后制动盘轴向跳动。

以检查前制动盘轴向跳动为例进行说明。

①拆卸车轮总成。

②使用 5 个轮毂螺母暂时安装前制动盘，紧固力矩为 103 N·m。

③使用百分表在距离前制动盘外缘 10 mm 处测量制动盘轴向跳动，如图 3-3-17 所示。制动盘最大轴向跳动为 0.05 mm。如果轴向跳动超过最大值，则改变前制动盘的安装位置以减小轴向跳动。如果即使改变安装位置后，轴向跳动仍超过最大值，则更换前制动盘。

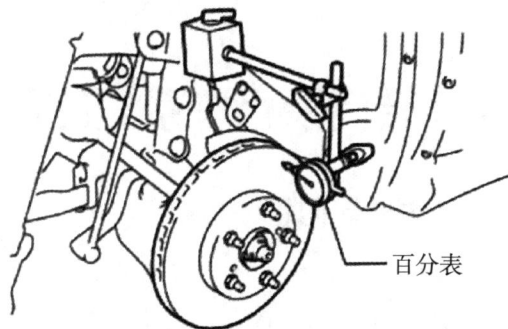

图3-3-17　使用百分表测量制动盘轴向跳动

注意：百分表的磁铁要远离前桥轮毂分总成和前轮速度传感器。

④拆下 5 个轮毂螺母。

⑤安装前轮总成，并按对角交叉的顺序拧紧轮毂螺母，拧紧力矩为 103 N·m。

后制动盘轴向跳动的检查方法与上述步骤相同，区别在于后制动盘最大轴向跳动量为 0.15 mm。

4. 检查或添加制动液

将电源开关置于 ON（IG）位置时，检查制动液液位是否高于 MIN 线。如有必要，在电源开关置于 ON（IG）位置时，加注制动液至液位支撑线，如图 3-3-18 所示。混动卡罗拉制动液型号为 SAE J1703 或 FMVSS No.116 DOT3。

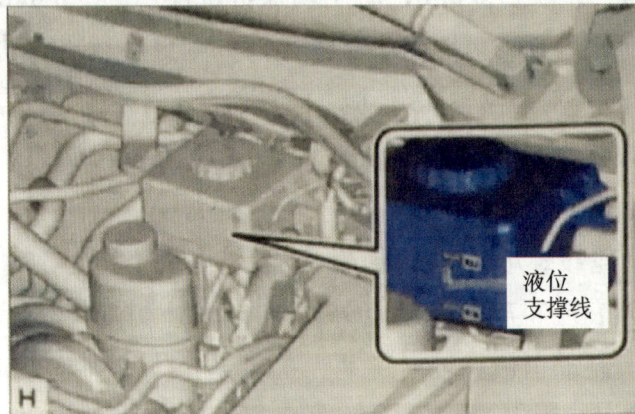

图3-3-18　制动液液位支撑线

3.3.4　转向及行驶系统的保养

1. 检查转向传动机构和转向机

1）检查方向盘自由行程

（1）将电源开关置于 ON（READY）位置并确保车辆处于动力转向可以工作的状态。

（2）停止车辆，使前轮对准正前方。

（3）向左和向右慢慢转动方向盘，检查方向盘的自由行程。方向盘的最大行程为 30 mm。如果超过最大值，则需要检查转向系统。

2）检查转向传动机构

（1）检查并确认横拉杆接头没有任何间隙。

（2）检查并确认防尘密封和防尘套没有损坏。

（3）检查并确认防尘套卡夹没有松动。

（4）检查并确认转向机壳没有损坏。

2. 检查前后悬架

1）检查前轮定位

前轮定位主要检查转向轴线外倾角、后倾角和内倾角，进行检查时要保证车辆是空载状态。

（1）安装前轮定位仪并将前轮放在转向半径仪中央，如图 3-3-19 所示。

转向半径仪

前轮定位仪

图3-3-19　安装前轮定位仪

（2）检查外倾角、后倾角和内倾角，其标准值如表 3-3-3 所示。

表 3-3-3　空载状态下的前轮定位参数

项目	轮胎制造商及尺寸	角度	左右差值
外倾角	—	−0° 08' +/− 0° 45'（−0.13° +/− 0.75°）	0° 45'（0.75°）或更小
后倾角	TFTM 制造（195/65R15）	5° 43' +/− 0° 45',（5.72° +/− 0.75°）	0° 45'（0.75°）或更小
	TFTM 制造（205/55R16）	5° 44' +/− 0° 45',（5.73° +/− 0.75°）	
	GTMC 制造	5° 43' +/− 0° 45',（5.72° +/− 0.75°）	
内倾角	—	11° 55'（11.92°）	—

2）调节外倾角

如果外倾角测量值不在规定的范围内，则使用下面的公式计算所需的调节量。

外倾角调节量=规定值范围的中间值−测量值

检查安装螺栓的组合，从表 3-3-4 中选择适当的螺栓以将外倾角调节至规定值。

表 3-3-4　调节外倾角的螺栓选择

将车桥轮毂移向正侧（图 3-3-22 中 ＋）			将车桥轮毂移向负侧（图 3-3-22 中 −）		
原外倾角	原螺栓组合代码	新螺栓组合代码	原外倾角	原螺栓组合代码	新螺栓组合代码
−1° 30' 至 −1° 15'（1.50° 至 −1.25°）	F	G	−1° 30' 至 −1° 15'（1.50° 至 −1.25°）	G	F
−1° 15' 至 −1° 00'（−1.25° 至 −1°）	E、F	G、A	−1° 15' 至 −1° 00'（−1.25° 至 −1°）	G、A	E、F
−1° 00' 至 −0° 45'（−1° 至 −0.75°）	D、E、F	G、A、B	−1° 00' 至 −0° 45'（−1° 至 −0.75°）	G、A、B	D、E、F
−0° 45' 至 −0° 30'（−0.75° 至 −0.50°）	C、D、E、F	G、A、B、C	−0° 45' 至 −0° 30'（−0.75° 至 −0.50°）	G、A、B、C	C、D、E、F
−0° 30' 至 −0° 15'（−0.50° 至 −0.25°）	B、C、D、E、F	G、A、B、C、D	−0° 30' 至 −0° 15'（−0.50° 至 −0.25°）	G、A、B、C、D	B、C、D、E、F
−0° 15' 至 0°（−0.25° 至 0°）	A、B、C、D、E、F	G、A、B、C、D、E	−0° 15' 至 0°（−0.25° 至 0°）	G、A、B、C、D、E	A、B、C、D、E、F

将车桥轮毂移向正侧（图 3-3-22 中＋）			将车桥轮毂移向负侧（图 3-3-22 中－）		
原外倾角	原螺栓组合代码	新螺栓组合代码	原外倾角	原螺栓组合代码	新螺栓组合代码
0° 至 0° 15'（0° 至 0.25°）	G、A、B、C、D、E	A、B、C、D、E、F	0° 至 0° 15'（0° 至 0.25°）	A、B、C、D、E、F	G、A、B、C、D、E
0° 15' 至 0° 30'（0.25° 至 0.50°）	G、A、B、C、D	B、C、D、E、F	0° 15' 至 0° 30'（0.25° 至 0.50°）	B、C、D、E、F	G、A、B、C、D
0° 30' 至 0° 45'（0.50° 至 0.75°）	G、A、B、C	C、D、E、F	0° 30' 至 0° 45'（0.50° 至 0.75°）	C、D、E、F	G、A、B、C
0° 45' 至 1° 00'（0.75° 至 1°）	G、A、B	D、E、F	0° 45' 至 1° 00'（0.75° 至 1°）	D、E、F	G、A、B
1° 00' 至 1° 15'（1° 至 1.25°）	G、A	E、F	1° 00' 至 1° 15'（1° 至 1.25°）	E、F	G、A
1° 15' 至 1° 30'（1.25° 至 1.5°）	G	F	1° 15' 至 1° 30'（1.25° 至 1.5°）	F	G

螺栓组合及代码如图 3-3-20 所示。

项目	A	B	C	D	E	F	G
1	*c	*c	*c	*d	*e	*f	*c
2	*d	*e	*f	*f	*f	*f	*c

*c	标准螺栓	*d	90105-17009
*e	90105-17010	*f	90105-17011

图3-3-20 螺栓组合及代码

（1）拆下前轮。

（2）拆下前减震器总成下侧的两个螺母，其位置如图 3-3-21 所示。

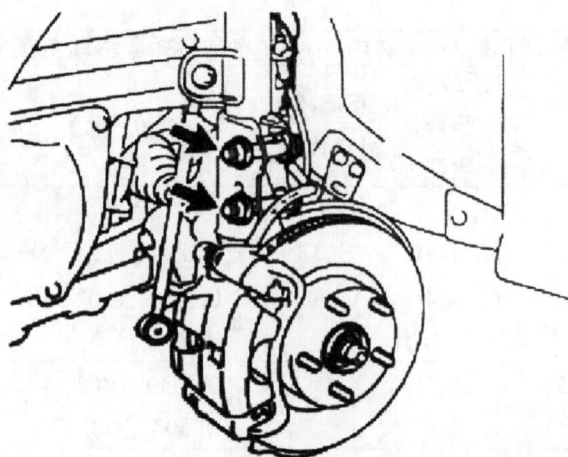

图3-3-21　前减震器总成下侧两个螺母的位置

（3）逐一拆下顶部和底部螺栓，确认转向节可在前减震器上自由移动。确认能自由移动后按表选择相应螺栓并安装。

如果不能自由移动，则清洁前减震器总成与转向节的接触面。

（4）暂时安装两个螺母，然后按所需的调节方向将前桥轮毂或推或拉，如图 3-3-22 所示。

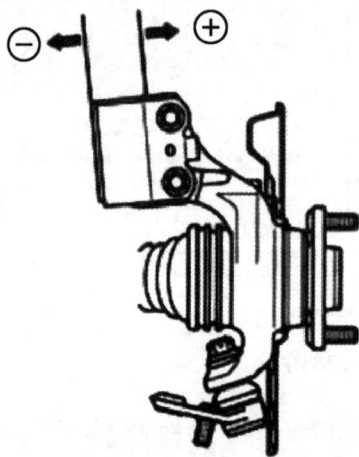

图3-3-22　增大/减小主销外倾角时的调节方向

（5）紧固两个螺母，紧固力矩为 240 N·m。紧固时应防止螺栓旋转。

（6）安装前轮。

（7）上下弹动车辆各角数次，以稳定悬架。

（8）检查外倾角。如果外倾角还不在规定范围内，则重复上述过程。调节外倾角后要检查前束。

3）检查前束

检查前轮前束要在车辆空载时进行。

（1）上下弹动车辆各角数次，以稳定悬架。

（2）解除驻车制动并将换挡杆移至 N 位置。

（3）向正前方推车，使其移动约 5 m。

（4）在前轮最靠后的部位做好胎面中心标记，并测量标记间的距离（尺寸 B），如图 3-3-23 所示。

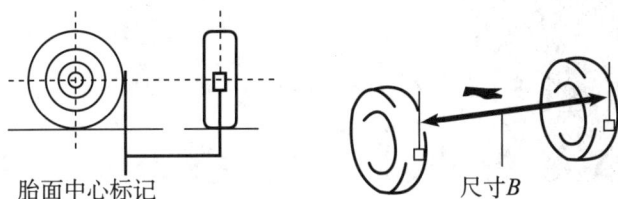

图3-3-23　测量车轮后侧胎面中心标记间距离的方法

（5）缓慢地向正前方推动车辆，使其前轮旋转 180°（可以以前轮胎气门为参考点）。

注意：不要让车轮旋转超过 180°。如果超过 180°，则再从步骤（3）开始重新进行操作。

（6）测量车轮前侧胎面中心标记间的距离（尺寸 A），如图 3-3-24 所示。

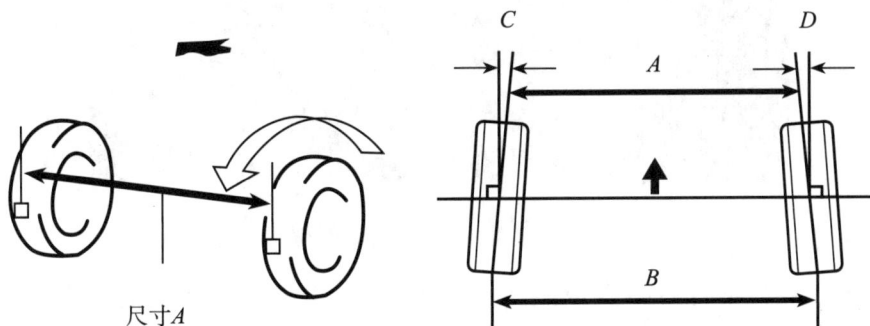

图3-3-24　测量车轮前侧胎面中心标记间距离的方法

前轮前束的规定值 B-A 为 2.0 ＋ / － 2.0 mm。如果前束不在规定范围之内，则在转向齿条接头处进行调节。

4）调节前束

（1）确保左右转向齿条接头的螺纹长度几乎相同，如图 3-3-25 所示，标准值为 1.5 mm 或更小。

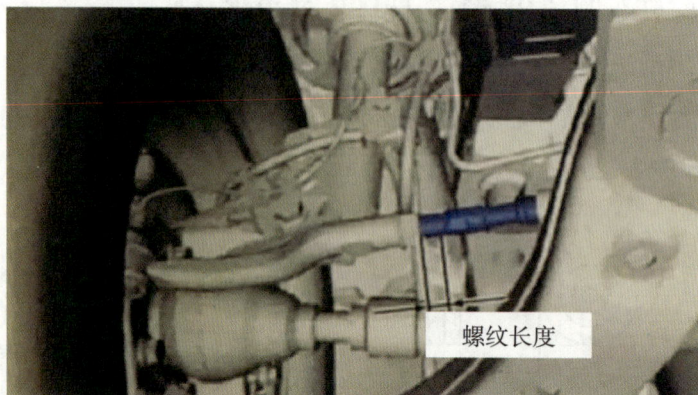

螺纹长度

图3-3-25　齿条接头螺纹的长度

（2）拆下转向齿条防尘套卡子。

（3）拧松横拉杆接头分总成拧紧螺母，如图 3-3-26 所示。

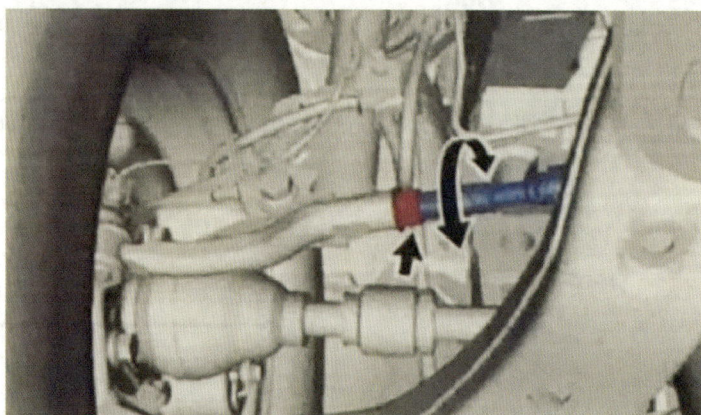

图3-3-26　拧松横拉杆接头分总成拧紧螺母

（4）如果左右转向齿条接头间的螺纹长度差不在规定范围内，则调节转向齿条接头。如果前束测量值大于规定值，则加长较短的齿条接头以使长度差在规定范围内；如果前束测量值小于规定值，则缩短较长的齿条接头以使长度差在规定范围内。

（5）等量转动左右转向齿条接头，以调节前束；进行调节时应尽可能地接近标准范围的中间。

（6）确保左右转向齿条接头的螺纹长度相同。

（7）紧固横拉杆接头分总成锁紧螺母，紧固力矩为74 N·m。

（8）将转向齿条防尘套放到套座上，并安装转向齿条防尘套卡子。

5）检查前轮转角

（1）在转向半径仪最靠后的部位做好胎面中心标记。

（2）将方向盘向左、向右打到底并测量其转向角，如图3-3-27所示。

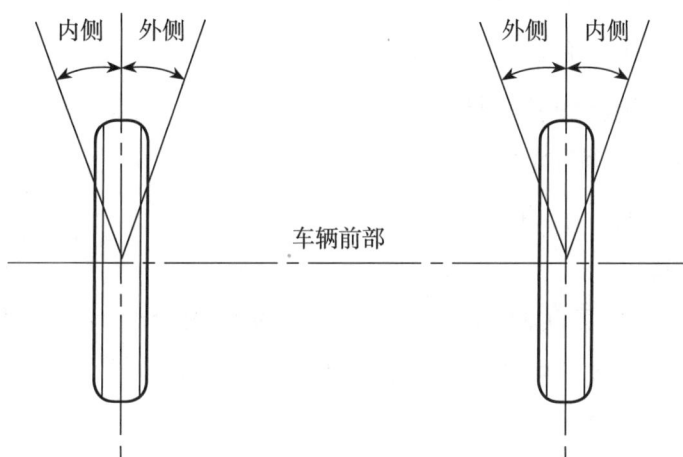

图3-3-27　测量其转向角

空载时混动卡罗拉车轮转向角的标准值如表3-3-5所示。

表3-3-5　空载时混动卡罗拉车轮转向角的标准值

轮胎尺寸	内侧车轮	外侧车轮
195/65R15	39° 29'＋/－2° 00'（39.48°＋/－2°）	33° 16'（33.27°）
205/55R16	39° 31'＋/－2° 00'（39.52°＋/－2°）	33° 16'（33.27°）

如果车轮左右内侧转角不在规定范围内，则检查并调节左右转向齿条接头长度。

6）进行横摆率和加速度传感器校准

在更换任何VSC相关零部件或进行车轮定位调节后，应清除并读取传感器校准数据。进行车轮定位调节后要进行清除零点校准数据及横摆率和加速度传感器零点校准。

注意：

①获取零点时，车辆应保持静止状态，不要振动、倾斜、移动或摇动。

②确保在水平面上执行此程序。

③获取零点时，确保轮胎压力符合规定且车辆与地面完全接触。

横摆率和加速度传感器的校准可以使用 GTS 或 SST，以使用 GTS 时的作业为例进行说明。

（1）清除零点校准数据。

①将电源开关置于 OFF 位置。

②检查并确认方向盘处于中间位置。

③检查并确认选择驻车挡。

④将 GTS 连接到 DLC3。

⑤将电源开关置于 ON（IG）位置。

⑥打开 GTS。

⑦使用 GTS 选择防滑控制 ECU（带主缸的制动助力器总成），以清除零点校准数据。进入 ABS/VSC/TRC，进行重新校准。

⑧将电源开关置于 OFF 位置。

（2）对横摆率和加速度传感器进行零点校准。

①将电源开关置于 OFF 位置。

②检查并确认方向盘处于中间位置。

③检查并确认选择驻车挡。如果未选择驻车挡，将存储 DTC C1210（横摆率传感器的零点校准未完成）和 DTC C1336（加速度传感器的零点校准未完成）。

④将 GTS 连接到 DLC3。

⑤将电源开关置于 ON（IG）位置。

⑥打开 GTS。

⑦使用 GTS 将防滑控制 ECU（带主缸的制动助力器总成）切换到测试模式。进入 ABS/VSC/TRC，进行主动测试。

⑧进入测试模式后，使车辆在水平面上保持静止 2 s 或更长时间。

⑨检查并确认 ABS 警告灯、制动警告灯 / 黄色（轻微故障）和打滑指示灯点亮数秒，然后在测试模式下闪烁。如果 ABS 警告灯、制动警告灯 / 黄色（轻微故障）和打滑指示灯不闪烁，则需要再次进行零点校准。再次进行零点校准前先清除存储数据。

⑩将电源开关置于 OFF 位置并关闭 GTS。

单元小结

（1）混动卡罗拉电控制动系统主要由制动助力泵总成、带主缸的制动助力器总成、制动踏板行程传感器总成、空气囊传感器总成、组合仪表总成、混合动力车辆混合动力控制 ECU、动力转向 ECU 总成、VSCOFF 开关和制动器等组成。

（2）混动卡罗拉制动系统的主要保养内容：检查制动踏板高度及行程、检查驻车制动器、更换制动摩擦片和更换制动液等。

（3）混动卡罗拉的悬架系统采用前麦弗逊式悬架、后纵臂扭转梁式悬架的布置形式。

（4）混动卡罗拉转向及行驶系统的主要保养内容：检查方向盘自由行程，检查前轮、后轮定位参数及轮胎检查。

任务工单3.3　混动卡罗拉底盘的保养

任务名称	混动卡罗拉底盘的保养	学时	4	班级	
学生姓名		学生学号		任务成绩	
实训设备、工具及仪器	多媒体教学设备1套，混动卡罗拉电动汽车4辆，解码仪4套，车间安全用具4套，个人安全防护用具8套，兆欧表4个，红外测温仪4个	实训场地	理实一体化教室	日期	
客户任务描述	一辆混动卡罗拉轿车要进行40 000 km保养，需要调节踏板高度，检查并调整前轮前束				
任务目的	能正确对混合动力汽车底盘进行保养作业				

一、资讯

（1）混动卡罗拉采用了_____制动踏板行程传感器，功能是检测制动踏板_____并将其传输至_____。

（2）混动卡罗拉前后制动器的形式为前_____制动器、后_____制动器。

（3）混动卡罗拉制动系统的保养内容主要有检查_____、检查_____、更换_____和更换_____等。

（4）混动卡罗拉的转向系统为_____，助力形式为_____；除了正常转向外还要和_____进行协同控制。

（5）混动卡罗拉的悬架系统采用前_____悬架、后_____悬架的布置形式。

（6）混动卡罗拉转向及行驶系统的主要保养内容：检查_____、检查_____及_____。

二、计划与决策

请根据任务要求，确定所需要的检测仪器、工具，并对小组成员进行合理分工，制订详细的工作计划。

1. 需要的检测仪器、工具

2. 小组成员分工

3. 计划

三、实施

1. 制动系统的保养

1）检查制动踏板

（1）拆卸 1 号前围板隔热垫。

（2）检查制动踏板高度（制动踏板表面距离地板的高度应该在_____mm 至_____mm 之间）。

　　检查结果：_____。

　　处理措施：_____。

（3）调节制动踏板高度（锁紧螺母的紧固力矩为_____N·m）。

2）检查驻车制动器

（1）检查驻车制动杠杆行程（驻车制动杠杆行程在 200 N 时为_____个槽口）。

　　检查结果：_____。

　　处理措施：_____。

（2）调节驻车制动杠杆行程。

（3）检查后盘式制动器制动缸操作杆和制动器之间的间隙（间隙应小于_____mm）。

　　检查结果：_____。

　　处理措施：_____。

3）检查前后制动器

（1）检查前、后盘式制动器衬块厚度（前盘式制动器衬块厚度标准值为_____mm，最小厚度为_____mm；后盘式制动器衬块厚度标准值为_____mm，最小厚度为_____mm）。

检查结果：＿＿＿＿＿＿＿＿＿＿＿＿＿＿＿＿＿＿＿＿。

处理措施：＿＿＿＿＿＿＿＿＿＿＿＿＿＿＿＿＿＿＿＿。

（2）检查制动盘。

①检查前、后制动盘轴厚度（前制动盘标准厚度为＿＿＿＿＿＿mm，最小厚度为＿＿＿＿＿mm；后制动盘标准厚度为＿＿＿＿mm，最小厚度为＿＿＿＿＿mm）。

检查结果：＿＿＿＿＿＿＿＿＿＿＿＿＿＿＿＿＿＿＿＿。

处理措施：＿＿＿＿＿＿＿＿＿＿＿＿＿＿＿＿＿＿＿＿。

②检查前、后制动盘轴向跳动（前制动盘最大轴向跳动为＿＿＿＿＿mm，后制动盘最大轴向跳动量为＿＿＿＿＿mm）。

检查结果：＿＿＿＿＿＿＿＿＿＿＿＿＿＿＿＿＿＿＿＿。

处理措施：＿＿＿＿＿＿＿＿＿＿＿＿＿＿＿＿＿＿＿＿。

4）检查或添加制动液

将电源开关置于＿＿＿＿＿位置时，检查制动液液位是否高于＿＿＿＿＿线。如有必要，在电源开关置于＿＿＿＿＿位置时，加注制动液至＿＿＿＿＿线。

混动卡罗拉制动液型号为＿＿＿＿＿或＿＿＿＿＿。

2.转向及行驶系统的保养

1）检查方向盘自由行程（方向盘的最大行程为＿＿＿＿＿mm）

检查结果：＿＿＿＿＿＿＿＿＿＿＿＿＿＿＿＿＿＿＿＿。

处理措施：＿＿＿＿＿＿＿＿＿＿＿＿＿＿＿＿＿＿＿＿。

2）检查转向传动机构

检查结果：＿＿＿＿＿＿＿＿＿＿＿＿＿＿＿＿＿＿＿＿。

处理措施：＿＿＿＿＿＿＿＿＿＿＿＿＿＿＿＿＿＿＿＿。

3）检查前后悬架

（1）检查前轮定位（前轮定位主要检查转向轴线＿＿＿＿＿、＿＿＿＿＿和＿＿＿＿＿，进行检查时要保证车辆是＿＿＿＿＿状态）。

检查结果：＿＿＿＿＿＿＿＿＿＿＿＿＿＿＿＿＿＿＿＿。

处理措施：＿＿＿＿＿＿＿＿＿＿＿＿＿＿＿＿＿＿＿＿。

（2）检查前束（进行前轮前束检查要保证是＿＿＿＿＿状态，前轮前束的规定值 B-A 为＿＿＿＿＿mm）。

检查结果：＿＿＿＿＿＿＿＿＿＿＿＿＿＿＿＿＿＿＿＿。

处理措施：＿＿＿＿＿＿＿＿＿＿＿＿＿＿＿＿＿＿＿＿。

（3）检查前轮转角。

检查结果：＿＿＿＿＿＿＿＿＿＿＿＿＿＿＿＿＿＿＿＿。

处理措施：＿＿＿＿＿＿＿＿＿＿＿＿＿＿＿＿＿＿＿＿。

四、检查

（1）在对混动卡罗拉轿车进行制动系统的保养的过程中，操作不规范的地方：＿

_____。

（2）在对混动卡罗拉轿车进行转向及行驶系统保养的过程中，操作不规范的地方：_____。

（3）如果后盘式制动器制动缸操作杆和制动器之间的间隙不符合规定，则更换后盘式制动器制动缸总成。

（4）如果前、后盘式制动器衬块厚度小于_____值，则更换相应衬块。如果前、后制动盘厚度小于_____值，则更换相应制动盘。

（5）如果车轮左右内侧转角不在规定范围内，则检查并调节_____。

五、评估

1.请根据自己任务完成的情况，对自己的工作进行自我评估，并提出改进意见

（1）_____

_____。

（2）_____

_____。

（3）_____

_____。

2.工单成绩（总分为自我评价、组长评价和教师评价得分值的平均值）

自我评价	组长评价	教师评价	总分

学习心得

_____

_____

_____

_____

_____

_____

混动卡罗拉车身及空调系统保养

▶ ▶ ▶ ▶

任务导入

　　一辆混动卡罗拉轿车，要进行 40 000 km 保养。你知道混动卡罗拉 40 000 km 保养时，空调的保养项目有哪些吗？应如何对其进行保养呢？

学习目标

　　（1）能够正确使用歧管压力表组进行空调系统压力检查。
　　（2）能够正确进行空调泄漏检查。
　　（3）能够正确应用 GTS 对空调系统进行定制。
　　（4）能够迅速更换空调滤芯。

理论知识

3.4.1　混动卡罗拉空调系统

　　混动卡罗拉空调制冷系统采用电动压缩机为动力源，暖风系统的热源是两部分：发动机冷却液和 PTC 加热器。电动压缩机由 HV 蓄电池供电，PTC 加热器由辅助蓄电池供电。

　　混动卡罗拉空调系统的性能参数见表 3-4-1。

表 3-4-1 混动卡罗拉空调系统的性能参数

名称	项目	单位	规格
制冷系统	冷却能力	W	4650
	空气流量	m³/h	475
	功耗	W	240
暖风系统	加热器输出功率	W	5100
	空气流量	m³/h	320
	功耗	W	192

混动卡罗拉车身及空调的保养计划和保养内容如表 3-4-2 所示，表中 I 表示检查，R 表示更换、更改或润滑。混动卡罗拉车身及空调的保养内容主要有车灯、喇叭、刮水器和喷洗器，空调滤清器，空调制冷剂等。保养间隔以里程表读数或月数确定，以先到者为准。

表 3-4-2　混动卡罗拉车身及空调的保养计划和保养内容

保养间隔：里程表读数或月数，以先到者为准	里程表读数（10 000 km）									月数
	0.1	1	2	3	4	5	6	7	8	
车身及空调系统保养内容										
车灯、喇叭、刮水器和喷洗器	I	I	I	I	I	I	I	I	I	6
空调滤清器			R		R		R		R	—
空调制冷剂			I		I		I		I	12

除了上述保养内容以外还要进行 PTC 加热器继电器检查、空调系统检漏、空调系统定制参数等。通常情况下，PTC 加热器继电器检查应该在每年入冬之前进行，空调系统检漏在制冷剂检查时进行，空调系统定制参数是根据客户需要进行的。

🔧 实践技能

3.4.2　检查制冷剂压力

进行制冷剂压力检查时要运行空调，因此要保证车辆在通风良好的环境中。

1. 准备工作

（1）连接歧管压力表组件。

（2）打开所有车门。

（3）将电源开关置于 ON（READY）位置，然后打
开空调。

（4）温度设定为最冷；鼓风机转速设定为高速。

注意：选择内循环时进气口温度应在 30 ~ 35 ℃。

扫一扫

制冷系统压力检测

2. 读取歧管压力表读数

正常情况下，低压侧压力应在 150 ~ 250 kPa，高压侧压力应在
1370 ~ 1570 kPa。如果压力不正常，则说明空调制冷系统存在故障，具体
情况如表 3-4-3 所示。

表 3-4-3　歧管压力表读数对应症状、可能原因及相应解决措施

压力表现象（读数）	症状	可能原因	解决措施
低压侧压力在正常和真空之间循环	空调系统间断性制冷	空调系统内有湿气	（1）更换冷凝器、干燥器； （2）排除系统中的空气； （3）重新加注适量制冷剂
低压侧和高压侧压力均低	空调系统不制冷或制冷效果不良	无制冷剂或制冷剂不足	（1）检查制冷剂是否泄漏； （2）如果压力表读数接近0，维修泄漏部位后进行抽真空； （3）向空调系统加注适量制冷剂
	空调系统无法有效制冷且冷凝器至蒸发器的管路上结霜	冷凝器堵塞	更换冷凝器

压力表现象（读数）	症状	可能原因	解决措施
低压侧显示真空，高压侧显示压力也很低	空调系统无法有效制冷（系统偶尔制冷）、在储液罐或膨胀阀两侧管路上均能看到结霜	（1）空调系统存在湿气或污垢阻碍制冷剂流动；（2）膨胀阀开度过小	（1）更换膨胀阀；（2）更换冷凝器；（3）排空空调内的制冷剂并重新加注制冷剂
低压侧和高压侧压力过高	空调无法制冷且低压管路过热（烫手）	空调系统存在空气	（1）更换冷凝器和干燥器；（2）排空空调内的制冷剂并重新加注适量制冷剂
	空调系统无法有效制冷且低压侧管路结霜或出现大量水珠凝结	（1）膨胀阀开度过大；（2）制冷剂过量	（1）更换膨胀阀；（2）排出适量制冷剂
	空调制冷一会儿后不制冷	冷凝器脏污或冷却风扇转速过低	（1）清洁冷凝器；（2）检查冷却风扇工作情况
低压侧压力过高或高压侧压力过低	空调无法有效制冷	压缩机内部泄漏	更换压缩机

3.4.3　检查制冷剂泄漏情况

进行制冷剂泄漏检查时，先检查各连接处是否存在油污，若连接处存在油污，则表明存在制冷剂泄漏。

用卤素检漏仪检查制冷剂泄漏时要在下列条件下进行：

（1）电源开关置于 OFF 位置；

（2）确保通风良好；

（3）重复检查 2 到 3 次；

（4）测量压力以确认空调系统内有制冷剂（压缩机关闭时的压力应为 392～588 kPa）。

用卤素检漏仪检查制冷剂泄漏的步骤：

（1）检查空调压力传感器附近是否泄漏。

断开空调压力传感器并放置约 20 min，然后将卤素检漏仪靠近空调压力传感器进行检漏。

（2）检查冷凝器各接口是否泄漏。

将卤素检漏仪靠近冷凝器排放软管下方，检查是否泄漏。

扫一扫

制冷剂检漏

（3）检查空调总成是否泄漏。

①拆卸带风扇的鼓风机电动机分总成。

②检查空调总成是否泄漏。

3.4.4　空调定制参数和初始化

进行空调系统定制时要注意：

（1）客户要求改变某项功能时，首先确定该功能能够进行定制。

（2）进行定制前，务必记录下当前设定情况。

（3）对某项功能进行故障排除时，首先确定已将此项功能设定为默认值。

1. 使用 GTS 进行定制

使用 GTS 对空调系统进行定制的步骤：

（1）连接 GTS。

（2）将电源开关置于 ON（IG）位置。

（3）打开 GTS。

（4）进入菜单"空调 / 工具 / 定制 /Air Conditioner"。

（5）根据要求对空调系统进行定制。空调系统能进行定制的内容及值如表 3-4-4 所示，空调定制参数及其默认值如图 3-4-1 所示。

表 3-4-4　使用 GTS 时空调定制内容及描述

检测仪显示	描述及默认值	设定值	对应描述
设置温度交换（Set Temperature Shift）	该功能是根据显示的温度来控制温度的变化默认值：Normal（常规）	00001	−2 ℃
		00010	−1 ℃
		00100	Normal（常规）
		01000	+1 ℃
		10000	+2 ℃
压缩机模式（Compressor Mode）	鼓风机打开且空调关闭时，通过按下 AUTO 按钮可自动打开空调，默认值：Automatic（自动）	0	Automatic（自动）
		1	Manual（手动）
进气模式（Air Inlet Mode）	在打开空调时，自动切换至再循环模式、默认值：Automatic（自动）	0	Automatic（自动）
		1	Manual（手动）
脚步 / 除霜器自动模式（Foot/DEF Auto Mode）	AUTO 模式打开时，自动将出风切换至脚部 / 除霜器，默认值：ON（打开）	0	ON（打开）
		1	OFF（关闭）
脚步 / 除霜器自动鼓风提高功能（Foot/DEF Automatic Blow Up Function）	除霜器打开时，自动增加鼓风机速度等级，默认值：ON（打开）	0	ON（打开）
		1	OFF（关闭）
环保模式取消（ECO Mode Cancel）	设定为 ON 时，取消环保模式，默认值：ON（打开）	0	OFF（关闭）
		1	ON（打开）
降低噪声和振动（Noise and Vibration Reduction）	设定值为 ON 时，能改变压缩机转速，默认值：OFF（关闭）	0	OFF（关闭）
		1	ON（打开）
制冷剂短缺检查（Refrigerant Shortage Check）	设定值为 ON 时，进行制冷剂不足检查，默认值：ON（打开）	0	ON（打开）
		1	OFF（关闭）
风扇转速增量控制（Fan Speed Increment Control）	AUTO 模式打开时，设定转速已达到目标鼓风机转速，默认值：Normal（常规）	001	Slow（慢速）
		010	Normal（常规）
		100	Fast（快速）

续表

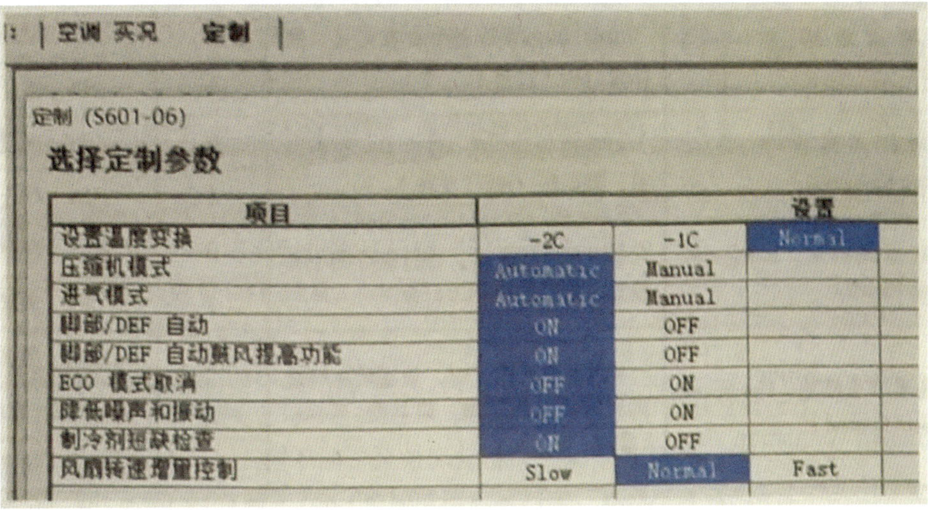

: | 空调 实况 定制 |

定制（S601-06）

选择定制参数

项目	设置		
设置温度变换	-2C	-1C	Normal
压缩机模式	Automatic	Manual	
进气模式	Automatic	Manual	
脚部/DEF 自动	ON	OFF	
脚部/DEF 自动鼓风提高功能	ON	OFF	
ECO 模式取消	OFF	ON	
降低噪声和振动	OFF	ON	
制冷剂短缺检查	ON	OFF	
风扇转速增量控制	Slow	Normal	Fast

注：图中深色部分是定制参数的默认值。

图3-4-1　空调定制参数及其默认值

例如：风扇转速增量控制参数定制为 Fast，更改参数后 GTS 显示如图 3-4-2 所示。

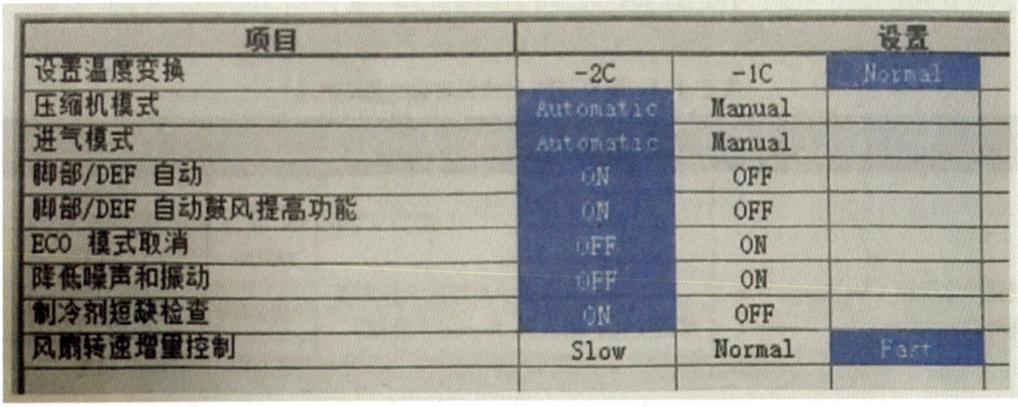

项目	设置		
设置温度变换	-2C	-1C	Normal
压缩机模式	Automatic	Manual	
进气模式	Automatic	Manual	
脚部/DEF 自动	ON	OFF	
脚部/DEF 自动鼓风提高功能	ON	OFF	
ECO 模式取消	OFF	ON	
降低噪声和振动	OFF	ON	
制冷剂短缺检查	ON	OFF	
风扇转速增量控制	Slow	Normal	Fast

图3-4-2　风扇转速增量控制参数定制为Fast后GTS显示内容

2. 使用多功能显示屏进行定制

如果车辆带多功能显示屏，也可以使用多功能显示屏对空调部分功能进行定制。定制步骤：

（1）将电源开关置于 ON（IG）位置。

（2）导航接收器车型进入菜单"MENU/Setup/Vehicle/Vehicle Customization/Climate Settings"。收音机和显示器车型进入菜单"MENU/Vehicle/Vehicle Customization/Climate Settings"。

（3）根据要求对空调系统进行定制。使用多功能显示屏能对空调系统进行定制的内容及值见表3-4-5。

表3-4-5　使用多功能显示屏能对空调系统进行定制的内容及值

显示	描述	默认值	设定
Auto A/C Mode	鼓风机打开且空调关闭时，通过按下AUTO按钮可自动打开空调	ON	ON 或 OFF
Efficient Ventilation Mode	在打开空调时，自动切换至再循环模式	ON	ON 或 OFF

3. 空调系统初始化（初始化伺服电动机）

（1）将电源开关置于OFF位置。

（2）将GTS连接到DLC3。

（3）将电源开关置于ON（IG）位置。

（4）按下空调OFF开关。

（5）打开GTS。

（6）进入菜单"空调/工具/伺服电动机初始化"。

（7）根据GTS显示进行伺服电动机初始化。

初始化期间，AUTO指示灯点亮，然后在完成初始化时熄灭。

（8）根据GTS显示，完成初始化。

3.4.5　更换空调滤芯

更换空调滤芯的步骤：

（1）关闭电源开关。

（2）打开手套箱，脱开阻尼器，如图3-4-3所示。

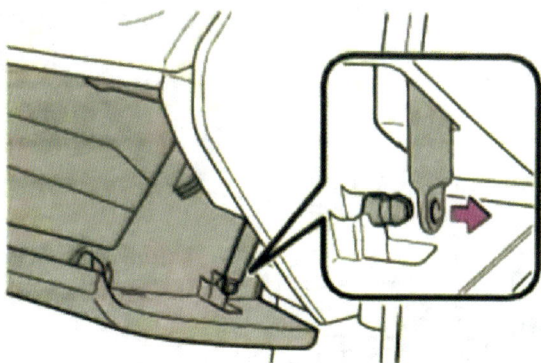

图3-4-3   脱开阻尼器

（3）向里推手套箱的左右两侧以脱开卡爪，然后拉出手套箱并脱开下部卡爪，如图 3-4-4 所示。

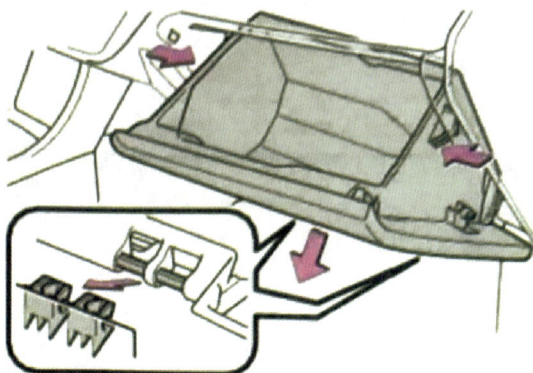

图3-4-4   脱开手套箱卡爪

（4）拆下滤清器盖，如图 3-4-5 所示。

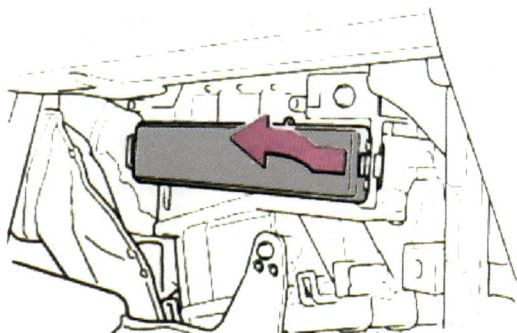

图3-4-5   拆下空调滤清器盖

（5）拆下空调滤清器并用新的替换，注意滤清器上的"↑ UP"标记应朝上，如图3-4-6所示。

扫一扫

汽修更换空调滤清器

图3-4-6　更换新的空调滤清器

（6）安装滤清器盖。

（7）安装手套箱，并连接卡爪和阻尼器。

注意：在使用空调系统时，确保始终安装滤清器。使用未安装滤清器的空调系统可能会损坏系统。

3.4.6　PTC加热器继电器检查

测量3个PTC加热器继电器电阻。PTC加热器继电器位置位于发动机室1号继电器/接线盒（图3-4-7）中，编号*7、*8、*9为PTC加热器继电器，如图3-4-8所示，端子连接如图3-4-9所示。

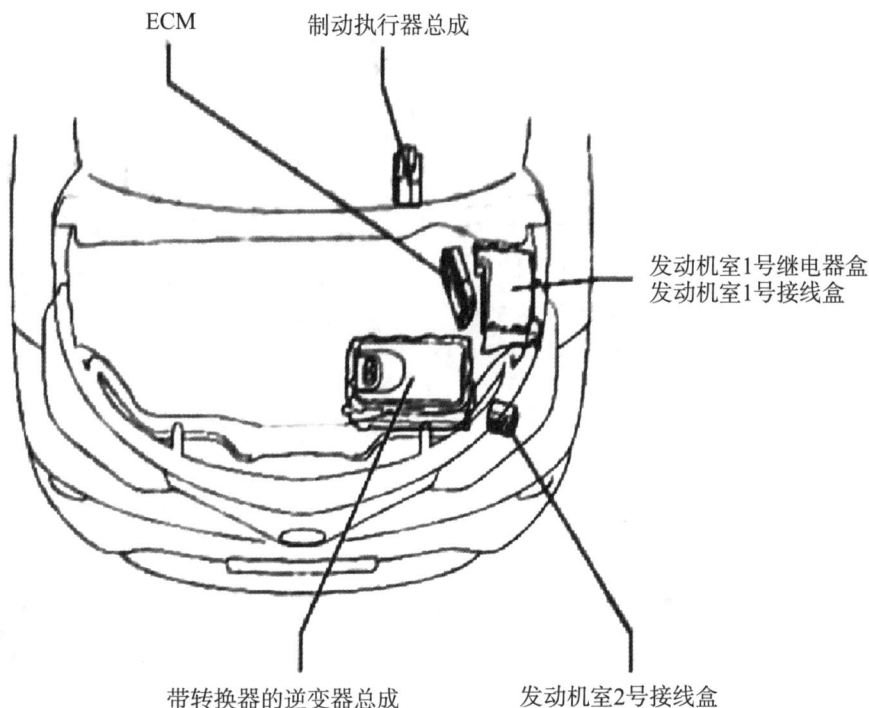

图3-4-7　发动机室1号继电器/接线盒

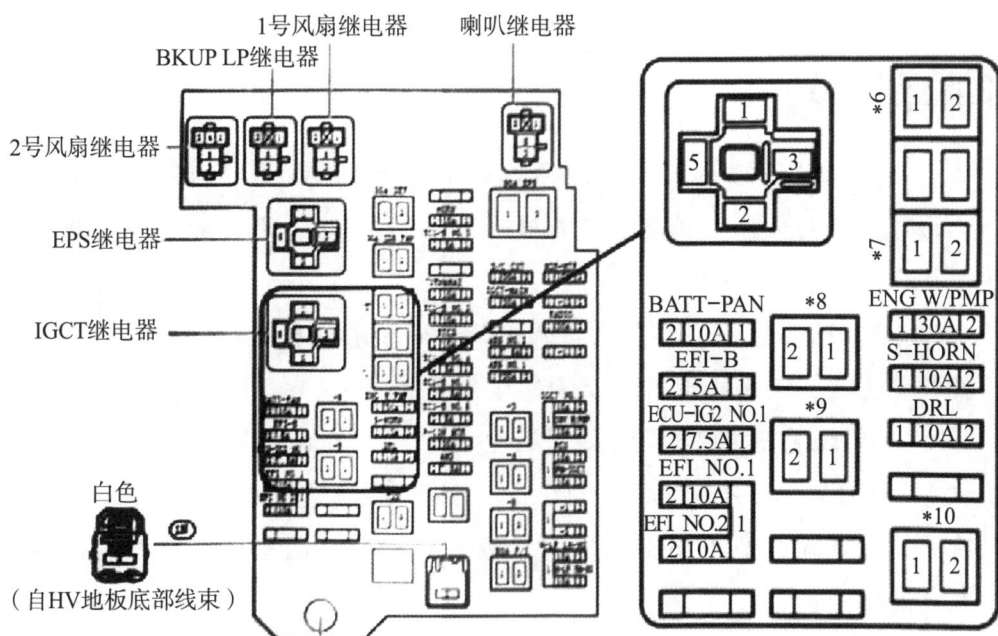

图3-4-8　PTC加热器继电器位置

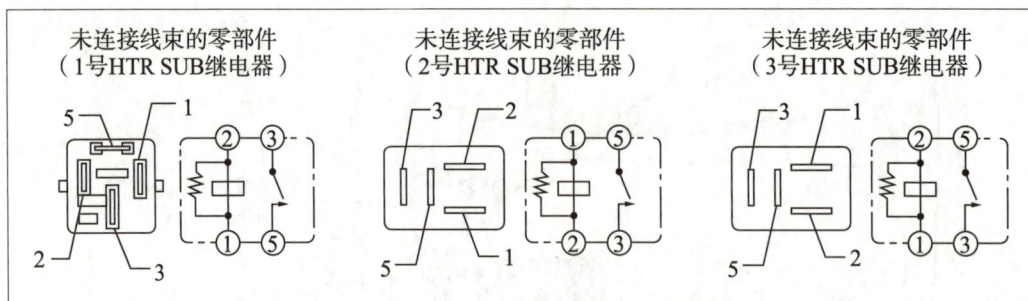

图3-4-9　PTC加热器继电器端子连接

测量条件及规定值如表 3-4-6 所示，如果测量结果不符合规定，则要更换 PTC 加热器继电器。

表 3-4-6　PTC 加热器继电器端子测量条件及规定值

测量点	条件	规定状态
3～5 端子	未在 1、2 端子之间施加辅助蓄电池电压	10 kΩ 或更大
3～5 端子	在 1、2 端子之间施加辅助蓄电池电压	1 Ω 或更小

单元小结

（1）混动卡罗拉空调制冷系统采用电动压缩机为动力源，暖风系统的热源有两部分：发动机冷却液和 PTC 加热器。PTC 加热器由辅助蓄电池进行供电。

（2）混动卡罗拉车身及空调的保养内容主要有车灯、喇叭、刮水器和喷洗器，空调滤清器和空调制冷剂量等。

（3）还要进行 PTC 加热器继电器检查、空调系统检漏、空调系统定制参数等，通常情况下 PTC 加热器继电器检查应该在每年入冬之前进行，空调系统检漏在制冷剂检查时进行，空调系统定制参数根据客户需要进行。

任务工单3.4　混动卡罗拉车身及空调系统保养

任务名称	混动卡罗拉车身及空调系统保养	学时	4	班级	
学生姓名		学生学号		任务成绩	
实训设备、工具及仪器	多媒体教学设备1套，混动卡罗拉电动汽车4辆，解码仪4套，车间安全用具4套，个人安全防护用具8套，兆欧表4个，红外测温仪4个	实训场地	理实一体化教室	日期	
客户任务描述	一辆混动卡罗拉轿车，要进行 40 000 km 保养				
任务目的	能正确对混合动力汽车进行车身及空调系统保养作业				

一、资讯

（1）混动卡罗拉空调制冷系统采用＿＿＿＿＿＿＿＿＿＿为动力源，暖风系统的热源有两部分：＿＿＿＿＿＿和＿＿＿＿＿＿。

（2）电动压缩机由＿＿＿＿＿＿供电，PTC加热器由＿＿＿＿＿＿供电。

（3）混动卡罗拉空调系统中制冷系统的冷却能力是＿＿＿＿＿＿W，暖风系统中加热器输出功率是＿＿＿＿＿＿W。

（4）混动卡罗拉车身及空调的保养内容主要有＿＿＿＿＿＿、＿＿＿＿＿＿、＿＿＿＿＿＿和＿＿＿＿＿＿，＿＿＿＿＿＿，＿＿＿＿＿＿等，保养间隔以＿＿＿＿＿＿或＿＿＿＿＿＿确定，以＿＿＿＿＿＿为准。

（5）通常情况下PTC加热器继电器检查应该在＿＿＿＿＿＿＿＿之前进行，空调系统检漏在＿＿＿＿＿＿＿＿时进行，空调系统定制参数根据＿＿＿＿＿＿＿＿进行。

二、计划与决策

请根据任务要求，确定所需要的检测仪器、工具，并对小组成员进行合理分工，制订详细的工作计划。

1.需要的检测仪器、工具

2. 小组成员分工

3. 计划

三、实施

1. 检查制冷剂压力

1）准备工作

（1）连接歧管压力表组件。

（2）打开所有车门。

（3）将电源开关置于＿＿＿＿＿＿＿＿位置然后打开空调。

（4）温度设定为＿＿＿＿＿＿＿；鼓风机转速设定为＿＿＿＿＿＿＿。

2）读取歧管压力表读数（正常情况下，低压侧压力应在＿＿＿＿＿＿＿kPa，高压侧压力应在＿＿＿＿＿＿＿kPa）。

检查结果：＿＿＿＿＿＿＿＿＿＿＿＿＿＿＿＿＿＿＿＿＿。

处理措施：＿＿＿＿＿＿＿＿＿＿＿＿＿＿＿＿＿＿＿＿＿。

2. 检查制冷剂泄漏

（1）检查空调压力传感器附近是否泄漏。

检查结果：＿＿＿＿＿＿＿＿＿＿＿＿＿＿＿＿＿＿＿＿＿。

处理措施：＿＿＿＿＿＿＿＿＿＿＿＿＿＿＿＿＿＿＿＿＿。

（2）检查冷凝器各接口是否泄漏。

检查结果：＿＿＿＿＿＿＿＿＿＿＿＿＿＿＿＿＿＿＿＿＿。

处理措施：＿＿＿＿＿＿＿＿＿＿＿＿＿＿＿＿＿＿＿＿＿。

（3）检查空调总成是否泄漏。

检查结果：＿＿＿＿＿＿＿＿＿＿＿＿＿＿＿＿＿＿＿＿＿。

处理措施：＿＿＿＿＿＿＿＿＿＿＿＿＿＿＿＿＿＿＿＿＿。

3. 更换空调滤芯

（1）关闭＿＿＿＿＿＿＿＿＿。

（2）打开手套箱，滑下＿＿＿＿＿＿＿＿。

（3）向里推手套箱的左右两侧以脱开卡爪，然后拉出手套箱并脱开下部卡爪。

（4）拆下_____。

（5）拆下空调滤清器并用新的替换，注意滤清器上的"↑UP"标记应朝_____。

（6）安装_____。

4. 检查 PTC 加热器继电器

测量三个 PTC 加热器继电器电阻。

检查结果：_____。

处理措施：_____。

四、检查

（1）在对混动卡罗拉轿车进行制冷剂压力检查的过程中，操作不规范的地方：_____。

（2）在对混动卡罗拉轿车进行制冷剂泄漏检查的过程中，操作不规范的地方：_____。

（3）在对混动卡罗拉轿车进行空调滤芯更换的过程中，操作不规范的地方：_____。

（4）在对混动卡罗拉轿车进行 PTC 加热器继电器检查的过程中，操作不规范的地方：_____。

（5）进行制冷剂压力检查时要运行空调，因此要保证车辆在_____的环境中。

（6）进行制冷剂泄漏检查时，先检查各连接处是否_____，若连接处_____表明存在_____。

五、评估

1. 请根据自己任务完成的情况，对自己的工作进行自我评估，并提出改进意见

（1）_____。

（2）_____。

（3）_____。

2. 工单成绩（总分为自我评价、组长评价和教师评价得分值的平均值）

自我评价	组长评价	教师评价	总分